Jäger des Nordens

Hugh Brody

JÄGER DES NORDENS

Menschen in der kanadischen Arktis

Aus dem Englischen
von Werner Petermann

Edition Trickster im Peter Hammer Verlag

Die englische Fassung wurde in Zusammenarbeit mit dem *British Museum und Indigenous Survival International* veröffentlicht.
Titel der Originalausgabe: *Living artic*
Skeil Land Ass., London 1987

Die Deutsche Bibliothek - CIP-Einheitsaufnahme

Brody, Hugh:
Jäger des Nordens : Menschen in der kanadischen Arktis / Hugh Brody. Aus dem Engl. von Werner Petermann. - Wuppertal : Hammer, 1998
(Edition Trickster im Peter Hammer Verlag)
Einheitssacht.: Living arctic <dt.>
ISBN 3-87294-791-5

Lektorat: Trickster, München
Umschlaggestaltung: Magdalene Krumbeck
Layout und Satz: Magdalene Krumbeck
Druck und Bindung: Clausen & Bosse

Inhaltsverzeichnis

Schon viele Male hab ich mich hingesetzt und darüber nachgedacht, was unsere Lebensweise von der euren unterscheidet oder anders macht. ... So wie ihr lebt, ihr Weißen unten im Süden, möchte ich nicht leben. Wir sind Menschen, die die Freiheit haben, täglich auf die Jagd zu gehen.
Peter Green
Paulatuk

Das Gras und die Bäume sind unser Fleisch, die Tiere sind unser Fleisch.
Susie Tutcho
Fort Franklin

Wir sagen, daß wir das Recht haben, unser Leben selbst zu bestimmen. Dieses Recht leitet sich von der Tatsache ab, daß wir zuerst hier waren. Wir sagen, daß wir ein eigenes Volk sind, eine Nation, und wir innerhalb Kanadas besondere Rechte haben müssen. Wir sind uns darüber im klaren, daß es keine leichte Sache sein dürfte, uns in euer System zu integrieren, ganz einfach, weil wir anders sind. Wir haben unser eigenes System, unsere eigene Lebensweise, unsere eigenen Kulturformen und Traditionen. Wir haben unsere eigenen Sprachen, unsere eigenen Gesetze und ein eigenes Rechtssystem.
Robert Andre
Arctic Red River

Danksagung

Dieses Buch ist das Ergebnis von annähernd fünfzehn Jahren Arbeit in vielen Teilen des arktischen und subarktischen Kanada. Ein solches Werk ist in entscheidendem Maße auf Kooperation angewiesen, die Mitarbeit von Männern und Frauen, deren Großzügigkeit, Unterstützung und Geduld keine Grenzen zu kennen schienen. Das Wissen der Menschen und ihre Bereitschaft, es mit anderen zu teilen, bilden die Grundlage dieses und vieler anderer Projekte. Von den vielen, die geholfen haben, möchte ich besonders Simon Anaviapik, Thomas Hunter, Abalie Field, Joshua Obed, Lottie Aragutaina und ihren Familien meinen Dank sagen.

Jäger des Nordens ist in dem gleichen Maße, wie es geschrieben wurde, das Ergebnis einer Fabrikation. Die Zusammenstellung der einzelnen Teile verdankt sich Freunden und Kollegen. Heather Jarman war, als unermüdliche Mitarbeiterin, an jeder Phase des Entstehens bis ins Detail beteiligt. Gleichfalls danken möchte ich Miranda Tufnell, Kevin Busswood, Anthony Barnett, Jonathan King, Nigel Parry, Georges Erasmus, Dave Monture, Cindy Gilday, Richard Overstall, Michael Jackson, Paul Wilkinson und Chris Noble für ihre eindringlichen und vernünftigen Beiträge.

Indigenous Survival International und die Ethnographische Abteilung des British Museum in London sorgten für großzügige finanzielle, logistische und moralische Unterstützung. Das Bibliothekspersonal am Scott Polar Research Institute in Cambridge war mit seinem Literatur- und Archivwissen eine unerschöpfliche Hilfe. Das Department of Indian and Northern Affairs und der Secretary of State of Canada stellten reichliche Geldmittel zur Verfügung und gestatteten mir freundlicherweise, aus dem Inuit Land Use and Occupancy Report [Bericht über die Nutzung und Inanspruchnahme von Land durch die Inuit] zu zitieren.

Dennoch bin ich mir im klaren darüber, daß ein Buch mit einem so breiten historischen und ethnografischen Horizont notgedrungen Fehler und Schwächen enthält. Ich übernehme dafür die Verantwortung.

Eine Bemerkung zu den Fotografien

Fotografien erlauben eine plötzliche und surreale Vertrautheit. Fast ohne Vorbereitung, nach kürzester Reise, sehen wir uns von ihnen in ferne Behausungen versetzt. Wir blicken in anderer Menschen Gesichter, die, nur wenige Schritte von unserer, der Kamera Position entfernt, in exakter Ähnlichkeit eingefangen und eingefroren sind. Wir erhalten den Eindruck, daß uns keine Einzelheit des Jagens und Fallenstellens zu entgehen braucht. Eine Auswahl solcher Fotografien vermittelt nicht so sehr Informationen als das Gefühl problemloser Nähe – Distanz wird geleugnet. Das macht ihren eigentlichen Anreiz aus und darin liegt ihr seltsamer, ganz spezieller Vorteil. Darin besteht aber auch ihre Gefahr.

Die schwarzweißen Bilder in diesem Buch sollen in den Text hineinführen, als Teil einer Reise, die das Gefühl der Vertrautheit, das sie offerieren, rechtfertigt. Weder bebildern sie etwas im engeren Sinne, noch repräsentieren sie. Eine unverhältnismäßig große Zahl sind aus der Arktis, viel zu wenige aus der subarktischen Region im Südosten. Diese Einseitigkeit war nicht beabsichtigt; sie spiegelt nur die Vorlieben und Gelegenheiten der Fotografen wider. Die Fotografien erfüllen die Funktion von Beschwörungen und Symbolen – was sie beschwören und symbolisieren, ist Thema des Buches.

Der Farbfototeil in der Buchmitte ist textunabhängig. Hier haben wir die Lebendigkeit, die Lebensglut des Nordens vor Augen, und wir können uns inmitten dieses Lebens bewegen, einesteils so, als blätterten wir die Seiten eines Atlas vor und zurück, andernteils so, als läsen wir ein Gedicht. Manches von dem, was wir sehen, ist klar und selbstverständlich; anderes verliert sich im flüchtigen Blick auf eine fremde Welt oder im Nebeneinander von Bildern jenseits jeder möglichen Beschriftung.

Die Fotografien stammen aus vielen verschiedenen Quellen. Mein besonderer Dank gilt Ulli Steltzer, Richard Harrington, Dan Orienti, Pater René Fumoleau, Bryan und Cherry Alexander, Anne Cubitt, Pater Guy-Mary Rousselière, John MacDonald, George Qulaut, Adrian Tanner, Nelson Graburn, Anita Hearle, Tessa Macintosh und der Regierung der Nordwest-Territorien, Jeanne L'Espérance und den frei zugänglichen kanadischen Archiven, den Norman Archives am McCord Museum der McGill University, den Synod Archives der Anglikanischen Kirche Kanadas, dem kanadischen Nationalmuseum in Ottawa sowie Shirley Ann Smith und den Archiven der Hudson's Bay Company. All diese Menschen und Institutionen stellten ihre Arbeitsleistung in den Dienst von Indigenous Survival International, der Living-Arctic-Ausstellung im British Museum und gestatteten die Verwendung ihrer Fotografien aus ähnlichen Publikationen. Nähere Angaben finden sich auf S. 248 ff.

Vorwort

Ich schreibe über den hohen Norden in dem Glauben, daß wir am besten entdecken können, wer wir sind, wenn wir uns zu den Rändern der Welt – oder was wir dafür halten – aufmachen. Angesichts von Gesellschaften und Landstrichen, die unsere üblichen Annahmen in Frage stellen und unsere vorgefaßten Meinungen erschüttern, ist es möglich, nicht nur die Bedeutung Anderer zu entdecken, sondern auch Wahrheiten über uns selbst herauszufinden.

Jäger des Nordens handelt von einer riesigen Region, die für ihre Bewohner – die Inuit, Dene, Cree, Naskapi, Innu und Métis – eine freigebige und wunderschöne Heimat darstellt. Aber Neuankömmlinge haben ihren Anspruch auf dieses Land geltend gemacht. Die Geschichte, die Sprachen und die Weisheit der Völker sind bedroht; ein Teil ihrer Bodenschätze ist bereits ausgebeutet worden. Die Neuankömmlinge ignorieren die Geschichte oder verwandeln sie in volkstümliches Erzählgut, sie zwingen den Menschen fremde Sprachen auf und verfechten neuartige Glaubensvorstellungen.

Überall im kanadischen Norden sagen die alteingesessenen Völker, daß die Blindheit der Menschen aus dem Süden den Jäger- und Fallenstellerkulturen gegenüber nur auf unzureichendem Wissen beruhen kann. Obwohl sie ihr Unbehagen, was aufdringliche Fremde angeht, nicht leugnen, bedeutet dies auch, daß sie jenen Menschen ihre Unterstützung nicht versagen, die sich die Zeit nehmen, sie ihren eigenen Bedingungen gemäß kennenzulernen, ja sie ermutigen sie sogar, darüber zu schreiben. So sicher sind sich die Jäger und Fallensteller der grundlegenden Wahrheit und Richtigkeit ihres Standpunktes, daß sie zuversichtlich sind: jemand, der sie kenne – egal ob es sich dabei um jemanden aus dem Süden oder um ihre eigenen Kinder handle –, wäre wohl kaum dazu fähig, sie falsch zu beurteilen, ein falsches Bild von ihnen in die Welt zu setzen oder sie zu hintergehen. Die Zukunft, so beharren sie, müsse auf Wissen gebaut werden.

Aber die Fakten, die ich auf der begrenzten Seitenzahl dieses Buches zusammengedrängt habe, sprechen nicht einfach für sich selbst. Sie sind keine neutralen Informationen. Das Interesse an anderen Örtlichkeiten ist immer verhältnismäßig. „Sie“ sehen wir mit Bezug auf „uns“. Europäer haben dies oft getan, um ihre relative Überlegenheit festzustellen. Wir sehen uns selbst weiter oben auf der Leiter des Fortschritts. Verglichen mit anderen Völkern und Zeiten, halten wir uns für sicher, erfolgreich, gescheit, intelligent, künstlerisch begabt und zur Muße fähig. Und wir glauben, daß die Zukunft uns gehört und der Art und Weise, wie wir leben.

Das Beunruhigende an den Fakten über Stammeskulturen im allgemeinen und Jägerkulturen im besonderen ist, daß sie mögliche Neigungen unsererseits, sie als unterlegen anzusehen, zersetzen. In der Tat verführen sie zu einer anderen Form des Vergleichs: Wer, in unserer Gesellschaft, braucht nicht zu arbeiten, ist reich und kann sich sicher fühlen? Wer gestaltet die Zukunft? Nicht die Mehrheit. Und wie leben Jäger und Fallensteller verglichen mit den Nicht-Privilegierten bei uns?

Die Beantwortung dieser Fragen führt zu einer Einschätzung nördlicher Jägerkulturen, die für unsere Form der Gesellschaft nicht schmeichelhaft ausfällt. Sie verweist sowohl auf die bestehende Ungleichheit als auch auf das ungewisse Gedeihen der „Zivilisation". Und sie vermehrt die Gründe derjenigen unter den Privilegierten, die die Jägervölker als Repräsentanten der Vergangenheit erhalten wissen wollen.

Um ihre Heimat vor Mißverständnissen und Übergriffen zu verteidigen, bedienen sich die Menschen seit jeher der verschiedensten Ausdrucksweisen. Sie reden von Recht und Rechtsprechung; sie treten für einen eigenständigen Platz innerhalb der Nationalstaaten ein; sie nutzen neue Technologien und die Möglichkeiten, die ihnen die christlichen Konfessionen bieten. Die Jäger und Fallensteller des Nordens trotzen dem Neuen nicht einfach mit dem Alten. Sie sind keine Vertreter einer altertümlichen Welt, die langsam und unter Schmerzen in den Wogen der Modernität versinkt. Vielmehr sind sie Zeitgenossen. Seit Jahrtausenden leben und lernen sie und passen sich an – wie alle anderen Menschen auch. Über ihre Fähigkeiten, ihren materiellen Besitz und ihre Lebensweise nachzudenken, heißt daher, das Privileg einer Reise in die Vielfalt und Komplexität menschlicher Kultur zu genießen. Aber wir dürfen nicht den Fehler begehen, dies für eine Zeitreise zu halten: Wir betrachten hier nicht unsere eigenen Vorfahren. Wie weit wir auch gehen mögen, um die Jäger des kanadischen Nordens zu finden, wir bleiben immer in der Gegenwart.

Darin liegt die eigentliche Schwierigkeit. Die Modernität nördlicher Jägerkulturen zu feiern, paßt nicht so recht zu dem, was wir von ethnologischer Literatur und ethnologischen Ausstellungen her gewohnt sind. Etikettiert und hinter Glas ausgebreitet, wirkungslos und stumm, scheinen Museumsexponate einer anderen Zeit anzugehören. Ethnografische Darstellungen anderer, ferner Kulturen scheinen das, was ansonsten verlorenginge, allzu oft nur für eine bibliothekarische Nachwelt zu bewahren. Selbst wenn wir erfahren, daß dieser oder jener Gegenstand Teil des modernen Lebens ist, so haftet ihm dennoch der Geruch des Merkwürdigen und Rückständigen an. Aus ihrer lebendigen Umgebung gerissen, erwecken ausgestellte Artefakte den Eindruck taxidermischer Präparate. Beim Besucher oder Leser findet eine geistige Aneignung statt, und da der zur Verfügung stehende Rahmen für Interpretationen und Erklärungen notgedrungen beschränkt ist, werden die Schaustücke in ihrer Wirkung reduziert. Modernität, Vitalität und wirklicher Reichtum von Kulturen, die wir womöglich gerne feiern würden, können leicht erstickt werden. In einem Essay oder durch Beschriftungen werden wir womöglich darüber aufgeklärt, wie nördliche Jägervölker es geschafft haben, auch weiterhin in und von ihren angestammten Regionen zu leben, in einem Museum allerdings kann diese Arktis viel zu leicht erstarren.

Wie können wir diesem Widerspruch entgehen? Wie kann in einem ethnologischen Text oder von einem Museum der Antagonismus zwischen Form und Inhalt vermieden werden? Welcher Mittel bedarf es, damit die Qualität einer Ausstellung oder einer Veröffentlichung mit ihren Intentionen im Einklang ist?

Jäger des Nordens sucht darauf eine zweifache Antwort. Erstens, indem wir uns anhören, was die Menschen zu sagen haben; ihre Worte flößen unserem Verständnis Leben ein. Durch bloße Betrachtung lernen wir andere Kulturen nicht kennen; wir müssen ihre Aussprache hören, ihren Tonfall verinnerlichen und ihre Standpunkte teilen. Im Film und auch bei einer Ausstellung, die mit Ton arbeitet, kann man Stimmen hören. Aber beim Schreiben kann man bestenfalls die Aussagen der Menschen selbst verwenden – als Pfad durch einen Wust an Informationen und als Richtlinien für unsere Blicke.

Zweitens müssen wir uns ein Argument für die zentrale Frage des schriftlichen Diskurses aufheben. Kurzgefaßt besagt dieses Argument, daß die nördlichen Jägervölker wie die meisten Ureinwohner und Stammesgruppen aller Stereotypisierung zum Trotz überlebten. Ihre Lebens- und Denkweisen gelten als primitiv, ihr Reichtum wird als Armut hingestellt. Dadurch werden den Völkern des Nordens die Landrechte vorenthalten, und ihre Freiheit zu jagen, zu fischen und Fallen zu stellen, wie sie es wünschen, wird in Frage gestellt. Die Verantwortung der Eltern für ihre eigenen Kinder wird in Zweifel gezogen und die indigenen Entwicklungsmöglichkeiten werden verschleiert. Wir müssen uns stets aufs neue mit Eigenarten und Folgen dieser Stereotypen auseinandersetzen.

Jäger des Nordens versucht das Leben in einem riesigen Gebiet zu beschreiben. Die kanadische Arktis und Subarktis erstrecken sich über nahezu vier Millionen Quadratmeilen und sind die Heimat von wenigstens fünf alteingesessenen Kulturen. Bei einem so großen ethnografischen Spektrum kann unmöglich allen gleichermaßen Gerechtigkeit widerfahren. Aber einen Vorteil bringt die Verallgemeinerung mit sich. Die Jäger und Fallensteller des Nordens haben nicht nur eine einzigartige Form der Kultur gemein, gemeinsam ist ihnen auch das besondere Erlebnis der modernen Geschichte. Manchmal wird es nötig sein, die eine kulturelle Gruppe der anderen gegenüber vorzuziehen, von den Inuit im Gegensatz zu den Dene oder Cree, den Innu im Gegensatz zu den Métis zu sprechen. Häufiger allerdings ist es möglich, über die Menschen insgesamt zu sprechen und zu schreiben; weniger die zahllosen Verschiedenheiten untereinander als das, was sie und uns unterscheidet, steht im Mittelpunkt dieses Projekts.

Die Kapiteleinteilung ist künstlich; die Kulturen selbst sind ganzheitlich, zwischen den einzelnen Elementen bestehen komplizierte Verbindungen. Die Mobilität der Jäger ist von ihrer Abhängigkeit von fleischlicher Nahrung genauso wenig zu trennen wie von ihrer Form der Kindeserziehung, von ihren Sprachen und von ihrer Spiritualität. Die Fotografien und die Aussagen einzelner Menschen aus dem Norden machen manche dieser Beziehungen nachvollziehbar.

Ein Großteil der materiellen, sozialen und geistigen Kultur der nördlichen Jäger und Fallensteller ist bedroht; einiges hat Schaden genommen oder ist gar verlorengegangen. Ihre verblüffendste Errungenschaft jedoch ist ihre Anpassungsfähigkeit. Jede Familie lebt unter den Bedingungen der Industriekultur und vertraut zugleich auf die natürlichen Ressourcen des Landes, aufs Jagen und Fallenstellen. Das Buch ist überwiegend in der Gegenwartsform geschrieben.

KAPITEL 1

Stereotypen

... es wird nicht Das neue Land heißen, sondern vielmehr Steine und wildes Gekrage und ein Ort geeignet für wildes Getier, denn nirgendwo auf dem ganzen Nördlichen Eiland sah ich auch nur ein Fuder guter Erde: doch ging ich an vielen Stellen an Land, und auf dem Weißsandigen Eiland ist nichts als Moos und kleines, hier und da verstreutes Dornengesträuch, welk und trocken. Kurz und gut, ich glaube, daß dies das Land war, das Kain von Gott zugesprochen worden war.
Jacques Cartier, französischer Seefahrer
Labrador 1534

Das Land ist so wunderschön mit seinen tiefen Flüssen und Seen, die nur auf den Angler warten. Es hat mächtige Berge, und Bilder entstehen, als könnte man ein Karibu unter Karibus sein.
Rosie Paulla
Gjoa Haven 1976

Diese Menschen kann man sehr wohl und wahrhaftig Wilde nennen, gibt es doch auf der Welt keinen armseligeren Menschenschlag. Ich glaube nämlich, daß alles, was sie gemeinsam hatten, neben ihren Booten und Netzen, keine fünf Sou wert war. Sie gehen, ihre Geschlechtsteile ausgenommen, die sie mit einem kleinen Stück Fell bedecken, und undefinierbaren alten Fetzen, die sie sich überwerfen, völlig nackt.
Jacques Cartier
Labrador 1534

Ich kann mich daran erinnern, daß man uns beibrachte, die Indianer seien Wilde. Das war, als ich in Fort McPherson zur Schule ging. Wir waren gewalttätig, grausam und unzivilisiert. Ich erinnere mich daran, Geschichtsbücher gelesen zu haben, die den Weißen Mann verherrlichten, der ganze Indianernationen abschlachtete. Niemand nannte die Weißen Wilde, sie waren Helden, die zu neuen Horizonten aufbrachen oder neue Territorien eroberten.
Richard Nerysoo
Fort McPherson 1977

Die Lebensbedingungen dieser armen Menschen sind traurig genug, obgleich es sie nicht in dem Maße beeindruckt, wie man erwarten würde; auch wenn sie den größten Teil ihres Lebens damit verbringen, für das zu ihrem und ihrer Familien Überleben Notwendige zu sorgen, so haben sie doch keine sonderliche Vorstellung von Mäßigung, oder von Vorkehrungen gegen jene Not, der sie wintersüber gewißlich ausgesetzt sind, sind vielmehr freizügig im Umgang mit ihrer Verpflegung, wenn sie reichlich davon haben, und kümmern sich, außer daß sie ein wenig Wildbret und Fisch trocknen, auch in Zeiten des Mangels nicht um Vorräte.
Henry Ellis, Agent auf Dobbs Galley
1748

Dieses Land ist gerade so wie unser Blut, da wir von den Tieren leben, die sich vom Land ernähren ... Wir sind nicht wie die Weißen. Wir sind besorgt um unser Land, da wir ihm unseren Lebensunterhalt verdanken. Die Weißen, die leben vom Geld. Deshalb macht ihnen das Geld Kopfzerbrechen.
Louis Caesar
Fort Good Hope 1977

... nichts außer Verfolgung könnte sie dazu veranlaßt haben, ihren Aufenthalt in diesen entlegensten Regionen des Globus zu nehmen, inmitten von Eis und Schnee, wo ein halbes Jahr lang eine schlimmere Finsternis herrscht als die kimmerische ... Es ist eingestandenermaßen ein überaus grausames und abscheuliches Los, dem auf Dauer abzuhelfen hoffnungslos erscheint, eingeschlossen wie sie in jedem Teil des Küstenlandes sind, das an das trostlose Polarmeer grenzt.
Sir John Barrow, Zweiter Lord der britischen Admiralität
1846

Dieses unser Land ist ein gutes Land und es ist groß, aber für uns Inuit ist es sehr klein. Es gibt nicht viel Platz. Es ist unser Land, wie uns auch die Tiere gehören, und es gab eine Zeit, da stand es uns frei, sie zu töten, weil es unsere Tiere waren. Wir können nirgendwo sonst leben, wir können kein anderes Wasser trinken. Wir können nirgendwo sonst als in unserem Land mit Hundeschlitten reisen.
Innakatsik
Baker Lake 1974

Sie leben friedlos und ohne Trost, in Ermangelung auch nur des geringsten Lohns ... Ganz bestimmt waren dies hier die Ärmsten der Armen, sowohl in körperlicher als auch moralischer Hinsicht.
Pater Roger P. Ballard, Missionar
1953

Es leuchtet mir ganz und gar ein, daß es etwas Bedeutsames und Besonderes ist, ein Indianer zu sein. Indianer sein heißt, diese Welt verstehen zu können und mit ihr auf ganz spezielle Weise in Einklang zu leben. Es heißt, mit dem Land, den Tieren, mit den Vögeln und Fischen zu leben, als wären es deine Schwestern und Brüder. Es heißt, davon zu sprechen, daß das Land ein alter Freund ist, ein alter Freund, den dein Vater kannte, den dein Großvater kannte, den dein Volk tatsächlich von jeher kennt ... Wir sehen in unserem Land viel, viel mehr, als der Weiße Mann darin sieht. Für uns Indianer ist das Land wirklich unser Leben.
Richard Nerysoo
Fort McPherson 1977

Sie beschafften sich ihre Nahrung mit den Waffen des Steinzeitmenschen, sie dachten deren einfache, primitive Gedanken und lebten deren unsicheres und angespanntes Leben ... Archäologische Funde in verschiedenen Teilen der Welt ... erzählen demjenigen eine faszinierende Geschichte, dessen wissenschaftliche Vorstellungskraft die Stücke zusammensetzen und die großen Lücken füllen kann; aber weitaus besser als solche Träumerei war die Chance, die sich mir hier und heute bot. Ich brauchte mir nichts vorzustellen; ich mußte lediglich die Augen aufmachen und hinhören; denn das hier waren keine Steinzeitartefakte, das hier war die Steinzeit selbst ...
Vilhjalmur Stefansson, Forscher und Anthropologe 1913

Wir blicken nicht zurück. Wir wollen nicht statisch bleiben. Wir wollen den Lauf der Zeit nicht aufhalten. Wenn sie darüber reden, wie sich die jungen Leute an die Lebensweise der Dene gewöhnen sollten, dann ... schauen unsere Alten nicht zurück, dann schauen sie vorwärts. Sie blicken so weit in die Zukunft, wie es ihnen möglich ist. Wir alle tun es.
Georges Erasmus
Yellowknife 1977

Die Stimmen von Jägern und Fallenstellern des hohen Nordens werden laut, um sich gegen stereotype Ansichten zur Wehr zu setzen, wonach sie am Aussterben oder zu exotischen Musterexemplaren in einem Museum für alte Geschichte verkümmert seien. Es sind Menschen, die auf ihrer eigenen und separaten Geschichte beharren, weil sie zeigen wollen, daß sie Menschen sind wie andere auch und dementsprechend Recht auf ihre eigene Lebensweise haben. Sie betonen ihre Eigenständigkeit, um auf ihre Gleichheit hinzuweisen. Gleichzeitig ist die jägerische Lebensweise eines der flexibelsten und anpassungsfähigsten Systeme menschlicher Kultur. Neue Ideen und fremde Gegenstände werden begrüßt und angewendet. Das machen die unscheinbarsten Einzelheiten ihrer Technologie deutlich, und dies erklärt auch, warum sie Fremde willkommen hießen; so wird auch die großzügige Gastfreundschaft verständlich, die sie ihnen gewährten. Da ihnen der Glaube an menschliche Gleichheit etwas Grundsätzliches ist, drücken die Jäger des Nordens gleichermaßen Ungläubigkeit wie Bestürzung aus, wenn sie merken, daß ihre Gäste in ihnen minderwertige Geschöpfe sehen, die sich am unwirtlichen Rand der Welt niedergelassen haben.

Sehr wenige Europäer haben bis heute die Arktis bereist. Es ist ein Land ohne Straßen, mit nur wenigen verstreuten Ortschaften und einer verschwindend geringen Zahl von Touristen. Aber die Arktis ist – anders als etwa der Orient – auch nicht zu uns gekommen. Wir tragen keine Kleidung aus arktischen Stoffen. Wir essen keine arktischen Lebensmittel. Ganz wenige Wörter der Athapasken, Algonkin oder Eskimo sind in die europäischen Sprachen aufgenommen worden.* Pelze, Walfischtran und Fischbein spielten natürlich ihre Rolle in der europäischen Ge-

* Aus dem athapaskischen uskadje wurde ein englisches whisky jack, eine umgangssprachliche Bezeichnung für den Kanadischen Unglückshäher. Die (englischen) Wörter pekan, der Name eines großen nordamerikanischen Marders, des sogenannten Fischermarders, und toboggan stammen aus dem Algonkin. Kajak, Anorak und Iglu sind alles direkte Transliterationen aus der Eskimo-Sprache. Parka ist ein aleütisches Wort.

schichte. Die Männer, die diese Produkte nach Europa brachten, sind als große Abenteurer und Helden gefeiert worden. Doch selbst der unersättliche und allumfassende Appetit der europäischen Kultur hat in den arktischen Kulturen nur wenig oder gar nichts gefunden, das ihm wert erschienen wäre, übernommen und assimiliert zu werden.

Dennoch stand der hohe Norden mindestens vier Jahrhunderte lang im Mittelpunkt intensiver Interessen. Als Bilderwelt und Metapher, als Herausforderung und Bedrohung, als romantische Affäre und Abenteuer – die Arktis beschäftigte die europäische Imagination so nachdrücklich wie jede andere geographische Region. Wie sollen wir diese Kombination aus Distanz und Nähe, kultureller Verschiedenheit und Obsession erklären?

Der erste Teil der Antwort ergibt sich aus dem Verhältnis zwischen bäuerlicher und jägerischer Kultur. Der zweite Teil bringt uns zur Entdeckungsgeschichte der Arktis und der Suche nach der Nordwest-Passage.

Die modernen Imperien, die heutzutage um die materielle und kulturelle Vorherrschaft in der Welt streiten, betonen ihre historischen und gesellschaftlichen Unterschiede. Die Rhetorik globaler Politik ist überreich an Beteuerungen seitens der Supermächte, wonach ihre Institutionen und Standpunkte allein durch ihre jeweils spezifische Geschichte und Kultur verständlich würden. Doch haben all diese Nationen einen Faktor gemeinsam, dem sie ihre tiefgreifende kulturelle Einheit verdanken: ihr agrarisches Erbe. Genauer gesagt dürfte sich die Gemeinsamkeit der sozialen und geistigen Formen auf jene bäuerlichen Strukturen zurückführen lassen, die für das vorindustrielle Europa typisch sind. Wenn für so viele Gesellschaften die gleiche Grundlage gilt, bedeutet dies natürlich auch, daß gemeinsame Vorstellungen über Grund und Boden, Eigentum, Religion, Sexualität, Kinder, Patriarchat und soziale Kontrolle existieren. Nach wie vor ist die Einstellung von Städtern und Reihenhausbewohnern Jägern gegenüber von einer bäuerlichen Geschichte geprägt, die andere ideologische Abgründe überbrückt.

Jäger empfinden anders als Ackerbauern und Städter. Ihre Ideen und Institutionen, ihre Ansichten über Eigentum, Kinder, Sexualität und soziale Kontrolle unterscheiden sich radikal von den Ansichten derer, die in seßhaften, ursprünglich agrarischen Gesellschaften zu Hause sind. Die

bäuerliche Bindung an einen spezifischen Flecken Landes, der Wunsch nach einer großen Zahl von Kindern in kurzen Zeitabständen, die Betonung der Ehe, die Unterordnung der Frauen unter die Männer, die Bedeutung, die dem Privateigentum zugeschrieben wird, und die Sammlungen von ausführlichen Gesetzen, die in welcher Form auch immer „polizeilich“ durchgesetzt werden – all diese Konzepte und Praktiken sind den meisten jägerischen Gesellschaften zutiefst fremd.

Die Kluft zwischen zwischen jägerischer und bäuerlicher Mentalität, die in so vielen entgegengesetzten Vorstellungen, Idealen und sozialen Gewohnheiten zutage tritt, wird bei den Jägern des hohen Nordens noch durch das Klima verstärkt. In allen Systemen bäuerlicher Herkunft stekken Bodenverhältnisse und Wärme den Rahmen des Wohlergehens ab. Später Frost und ein früher Wintereinbruch sind Feindeswerk. Die Kälte ist ein Symbol von Einsamkeit, Armut und Furcht. Eine Welt ohne Sommer wird zu einer Welt ohne die Möglichkeit menschlicher Existenz.

Für diejenigen von uns, die in einer Kultur des Ackerbodens, der Wärme und des gefügten Lebens aufgewachsen sind, stellt das geografische und gesellschaftliche Terrain der nördlichen Jäger eine bestürzende, vielleicht sogar erschreckende Umkehrung menschlicher Lebensbedingungen dar. In dieser Umkehrung steckt eine Herausforderung. Das reale Bild des hohen Nordens und seiner Bewohner lockt mit dem Versprechen ursprünglicher Leere und einer neuartigen Herausforderung aufgrund ungeahnter Möglichkeiten. Als Anreiz und als Metapher ist diese offensichtliche Umkehrung menschlicher Lebensbedingungen ein starker Appell an die Vorstellungskraft.

Die Beschäftigung mit der Arktis fand ein Ventil in dem anhaltenden Glauben an und die Suche nach einer Nordwest-Passage. Diese Suche dauerte mehr als vierhundert Jahre, von 1497 bis 1905; jede Generation wiederholte die Beweise, die gegen die Existenz einer solchen Route sprachen, und gab die Suche dennoch nicht auf; sie wurde trotz der Verluste an Menschen, Schiffen und Geld fortgesetzt. Monarchen und privaten Geldgebern gegenüber wurde sie mit einer Vielzahl von Argumenten gerechtfertigt, und zu ihrer Begründung zitierte man griechische Philosophen, rief den vermeintlichen guten Geschäftssinn zu Hilfe, bediente sich gefälschter Karten, nationalistischer Ideale und wissenschaftlicher Ziele. Die Nordwest-Passage war eine Obsession, deren Ausagieren dazu

beitrug, jene Stereotype zu schaffen, durch die wir Europäer heute den Norden und seine einheimischen Bewohner betrachten.

1497 überzeugte der venezianische Seefahrer John Cabot [eigentlich Giovanni Caboto, Anm.d.Übs.] den englischen König Henry VII. davon, daß er einen kurzen Seeweg nach Asien finden könnte, wenn er im hohen Breitenbereich nach Westen segelte, was, wie Sir Humphrey Gilbert 1576 darlegte, „für unser Land ein großer Vorteil wäre, unserem Fürsten wunderbare Reichtümer eintrüge und für alle Bewohner Europas unbeschreibliche Güter bereit hielte".* Cabot gelang es nicht, einen Seeweg durch den nordamerikanischen Kontinent zu finden, aber noch drei Jahrhunderte lang war so wenig über die Geografie der Arktis bekannt, daß jede Expedition erneut mit der Behauptung aufwarten konnte, an der falschen Stelle gesucht zu haben, weshalb die nächste mit Sicherheit Erfolg haben würde.

Zu Beginn des 19. Jahrhunderts waren zu den Träumen der Kaufleute wissenschaftliche Zielsetzungen hinzugekommen, und das Ende der Napoleonischen Kriege ließ der britischen Admiralität freie Hand, dem Drängen der Royal Society nach friedlichen Forschungsunternehmen nachzugeben. Zahlreiche Expeditionen machten sich auf den Weg: Ross 1818 und 1829; Parry 1819, 1821 und 1824; Lyon 1824; Franklin auf dem Landweg 1819 und 1823 und schließlich 1845, eine Fahrt, von der keiner zurückkehrte. Im Packeis eingefroren, mußten diese Expeditionen oft in der Arktis überwintern und lange Monate fern jeder anderen europäischen Gesellschaft verbringen. Einerseits um ihren wissenschaftlichen Zielen gerecht zu werden, andererseits zu ihrer eigenen Unterhaltung, holten die Schiffsoffiziere „Eingeborene" an Bord und bewirteten sie, man besuchte ihre Siedlungen und lernte sogar ein bißchen ihre Sprache. Die Beobachtungen wurden ausführlich aufgezeichnet und mit detaillierten Skizzen illustriert.

Die Suche nach der Nordwest-Passage packte die öffentliche Imagination in einem solchen Maße, daß selbst ein Roman wie Mary Shelley's Frankenstein, der 1818 veröffentlicht wurde, in seiner Originalfassung (d.h. im Gegensatz zur klassischen Hollywood-Version) an Bord eines Schiffes in arktischen Gewässern spielt, Ausdruck jenes romantischen

* Sir Humphrey Gilbert, *A Discourse Of a Discoverie for a new Passage to Cataia*, 1576.

Enthusiasmus, mit dem die britische Leserschaft die Veröffentlichung von Expeditionstagebüchern begrüßte. Daraus bezog man auch die Ansichten über die Jäger des Nordens.* Da die Strecke, die ein Schiff aus England in der eisfreien Sommerzeit zurücklegen konnte, für gewöhnlich in der zentralen Arktis endete und unweigerlich das Festfrieren des Forschungsschiffes mit sich zog, wurden die Bewohner dieser Region, insbesondere die Iglulingmiut mit ihren Schneehäusern und Hundeschlitten, zu den Eskimo unserer Vorstellung. Parrys Beschreibungen und Lyons Zeichnungen wurden häufig zitiert und erlebten mehrere Neuauflagen.

Der Eskimo tritt mit einem Lächeln auf die Bühne. Vor dem stereotypen Hintergrund einer unmöglichen Landschaft mit unerträglichem Wetter erscheint eine ewig glückliche, optimistische kleine Gestalt: ein rundlicher, stets in Pelze gekleideter, kuscheliger Mensch mit einem Kosenamen; ein Mann oder eine Frau, die unsere europäischen Abgesandten mit ihrer Naivität und Arglosigkeit erstaunen und entzücken. Mögen sie sich noch so sehr mit rohem Fleisch und Walspeck vollstopfen, ein stereotyper Eskimo aus dem unmöglichen Norden führt seinen Kampf gegen die Umwelt erstaunlich gut gelaunt. Ironischerweise entspricht dieses Eskimoklischee einem puritanischen Ideal. Im höchsten Norden schien man noch angesichts schrecklicher Lebensbedingungen dem Fatalismus und einer unerträglichen Arbeitsbelastung mit einer frohen Grundstimmung zu begegnen, die den Fabrikarbeitern in der gerade erst industrialisierten Welt als beispielhaft hingestellt werden konnte.

Im Vergleich dazu wurde das stereotype Bild des Indianers durch die Geschichte der westwärts gerichteten Besiedlung der Vereinigten Staaten und Südkanadas geprägt. Es kam zu einer Reihe von Kriegen zwischen weißen Farmern und eingeborenen Jägern, die im Cowboy-und-Indianer-Idiom ihre Popularisierung (bei gleichzeitiger Karikatur) erfuhren. Nur sehr wenige nördliche Jäger besetzten Land, auf dem Ackerbau hät-

* Mitte des neunzehnten Jahrhunderts brachten Walfangschiffe Inuit nach Europa, wo sie zur Schau gestellt wurden. Größtenteils kamen diese Besucher, von denen viele an europäischen Krankheiten starben, aus Grönland. Sie wurden als fremdartige Wilde herumgereicht und scheinen weit weniger zur populären Stereotypisierung beigetragen zu haben als die Berichte der Entdecker.

te betrieben werden können, aber dank ihrer Etikettierung als „Indianer“ wurden auch sie für gefährlich erklärt. Der „Eskimo“ lächelt an der Seitenlinie; der „Indianer“ ist verschlagen, kriegerisch und steht uns im Weg. Diese Unterscheidung zwischen den beiden Völkergruppen ist eine geografische und anthropologische Mythe, dennoch hat sich dieses doppelte Nordland-Klischee behauptet.

Der schlechte Ruf des gefährlichen Indianers verbreitete sich im 20. Jahrhundert durch das Vertrauen, das die amerikanischen Filmstudios in die „Western“-Formel setzten. Zur gleichen Zeit stellte der Forscher und Filmemacher Robert Flaherty mit seinem Film Nanook of the North [deutscher Verleihtitel: Nanuk der Eskimo], der 1922 in die Kinos kam, auf breiter Basis die Beliebtheit des lächelnden Eskimos sicher. Es war der erste Dokumentarfilm seiner Art, der weltweit an der Kinokasse Erfolg hatte. Nanook wurde als der unwiderstehliche Held einer shakespeareschen Liebesgeschichte vermarktet, ein Mann, der sich gegen die wütendsten Unbilden, die man sich nur vorstellen kann, behauptete, tapfer, mutig und dennoch in gewissem Sinne zu tragischem Scheitern verurteilt, was an einem solchen Ort auch gar nicht anders möglich schien. Dergleichen Themen wurden von den Werbetextern und Annoncenentwerfern der Nanook-Kampagne ausgeschlachtet. Die Wirkung ließ nicht auf sich warten, und fast überall auf der Welt strömten die Menschen scharenweise in die Kinos, um Nanook zu sehen. In Deutschland wurden Nanuk-Aschenbecher zu beliebten Nippsachen. Nanook-Speiseeis kam in den Vereinigten Staaten in Mode. Und als der Jäger, der die Rolle des Nanook gespielt hatte, in der arktischen Einöde Hungers starb, trauerte man in China um ihn.

Flahertys Brillanz als Filmemacher wurde durch seine einfache, aber klar umrissene filmische Theorie noch verstärkt. Und tatsächlich widmete er sich sein Leben lang einem einzigen Thema: dem Kampf des Menschen gegen die Natur. Das Heldentum einfacher Menschen gegen eine grausame Umwelt. Nanooks Beliebtheit ist deshalb nicht zu trennen von der Art, wie der Film mit den jägerischen Klischees spielt und sie zugleich verstärkt. Die Bilder, die uns Nanook of the North zeigt, addieren sich zu den Berichten, die die Erforscher der Nordwest-Passage hinterlassen haben: sie zeichnen ein Bild der Einfachheit, der Unwissenheit und Armut, für dessen Beseitigung die Völker des Nordens selbst, aber auch die Ethnologen, die bei ihnen gelebt haben, schwer kämpfen müssen.

Der naive, lächelnde Eskimo; der wilde, verschlagene Indianer. Der eine im Krieg gegen die Natur, der andere gegen die Siedler. Die Stereotypisierung läßt die nördlichen Jägervölker in einer faszinierenden, aber irrelevanten Vergangenheit zurück. Um sich als Menschen der Gegenwart zu beweisen, müssen die Völker des Nordens immer wieder und mit allen ihnen zur Verfügung stehenden Mitteln zeigen, daß sie dank ihrer inhaltsreichen Sicht der Welt und einer modernen Lebensweise mit allen mithalten können.

KAPITEL 2

Völker

Wie alle Nationen mit sehr alten Wurzeln hat auch unsere Kultur eine Begründung für unsere Welt. Selbst angesichts so vieler neuer Zwänge hat sich an unserer Regierungsform nichts geändert, sprechen wir noch immer die gleichen Sprachen. Wie in der Vergangenheit bringen uns die Trommeln zusammen. Und wir singen nach wie vor Lieder für das Glück eines guten Tages, wobei wir dem Schöpfer danken oder uns inständig betend an ihn wenden.
Denendeh, Ein Dene-Fest

Mit diesem kleinen Bleistift. Es geht schwer! Weiße sind erstaunlich. Sie machen so viel Arbeit, die gar nicht nach Arbeit aussieht. Und ich habe mir überlegt, daß ich nie ein richtiger Weißer sein werde, selbst wenn ich einige Dinge in der Schule lerne.
Paulussi Inukuluk, Pond Inlet

Die Dene sagen, daß sie seit jeher auf dem Territorium ihrer Vorfahren leben. Bewegung und Wandel ereignen sich für sie auf einer riesigen Karte, über zahllose Generationen hinweg. In ihren mündlichen Überlieferungen werden Beziehungen hergestellt zwischen den frühesten Momenten des Lebens, als Tiere und Menschen eine untrennbare Einheit bildeten, und dem Land, auf dem sie heute noch jagen und Fallen stellen. Auf diese Weise bekräftigen die Jäger die ewigen Bande zwischen Kultur und Ort.

Hingegen berichten Inuit-Geschichten von ihrer Ankunft im heutigen arktischen Kanada. Und sie erzählen von jenen Menschen, denen ihre Vorfahren begegneten – einem seltsam ängstlichen Volk, das davonlief und verschwand. Dieser Unterschied zwischen der Geschichte der Dene und der Inuit wird von den Erkenntnissen moderner Wissenschaft bestätigt.

Die frühesten archäologischen Fundorte in der Arktis sind auf eine Zeit zwischen 2500 und 2000 v.Chr. datiert worden. Archäologen sind sie unter den Namen Independence I und Prä-Dorset, später dann Dorset bekannt. Die Grundrisse alter Häuser, Harpunenspitzen aus Knochen und Elfenbein, Specksteinmesser, winzige Elfenbeinschnitzereien und gelegentlich der Rest einer schönen Maske lassen an eine Kultur denken, die der der historischen Inuit nicht unähnlich war. Aber zwischen dem 11. und 13. Jahrhundert erschienen mit der Thule-Kultur die direkten Vorfahren der heutigen Eskimo-Völker auf dem arktischen Schauplatz, während die Dorset-Kultur verschwand. Und gerade das beschreiben die Inuit-Geschichten.

Archäologen datieren die Erstbesiedlung der zentralen und östlichen Subarktis auf annähernd 7500 v.Chr. Beweise dafür gibt es in Form von verstreuten Lagerplätzen mit steinernen Fellschabern, Pfeilspitzen und Klingen. Zieht man die Tausende von Jahren und Zehntausende von Quadratmeilen in Betracht, mit denen die Archäologen es zu tun haben, so beruht ihr Befund auf spärlichen „Beschwörungen" eines größeren Ganzen, fragmentarischen Hinweisen auf einen Strom menschlichen

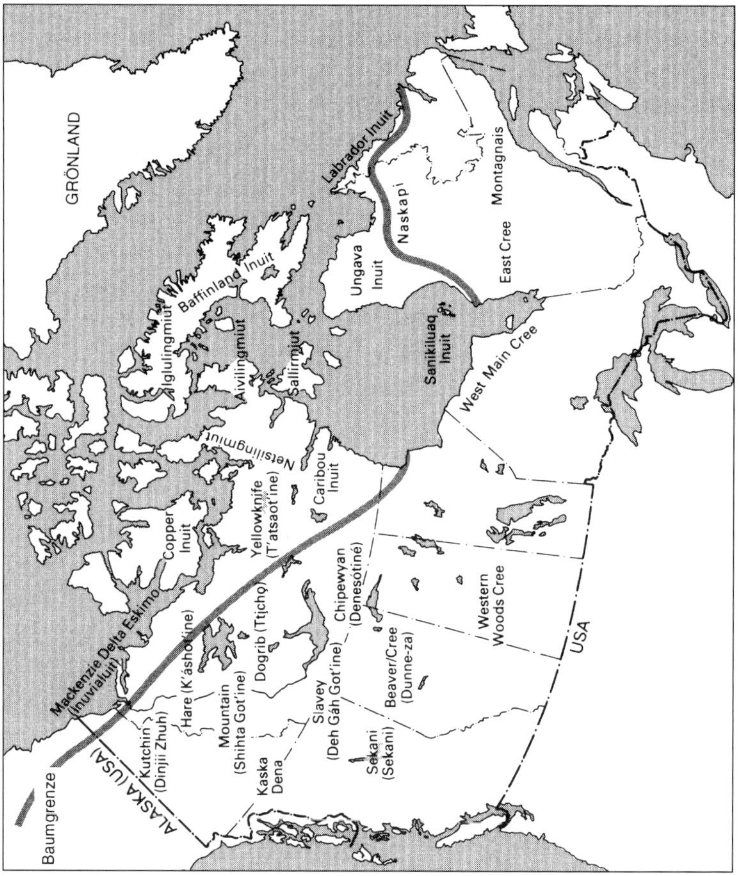

1. Die Völker des kanadischen Nordens
Die Karte zeigt die Völker des Nordens, so wie sie von Ethnologen identifiziert worden sind. Bei den Dene-Gruppen stehen die athapaskischen Namen (also die Eigenbezeichnungen) in Klammern. Das Affix miut bezeichnet in den Eskimosprachen eine soziale Gruppe. Die geografische Plazierung der Namen ist eine annähernde: Es gibt viele Überlappungen und historische Veränderungen in der Verteilung, besonders bei den subarktischen Cree und Dene.

Lebens, der keine Aufzeichnungen anfertigte und nur wenige Zeichen hinterließ. Aber die Archäologen und die Einheimischen stimmen darin überein, daß sich die Lebensweise der Algonkin in den Gebieten, in denen sie noch heute zu finden sind, seit mindestens 7000 Jahren nicht verändert hat.

In der westlichen Subarktis verfolgen die Archäologen die Spuren der Athapasken nur bis etwa 500 v.Chr. zurück. Aber in den Landkorridoren, die sich auftaten, als die Gletscher der letzten Eiszeit zurückgingen, hinterließen Vorgänger der heutigen Athapasken Hinweise auf ihre Existenz – kleine Steinklingen, Feuerstellen mit den Resten von Karibuknochen, Werkzeuge zur Knochen- und Holzbearbeitung. Schon 9000 v.Chr. benutzten Jäger im westlichen Alaska steinerne Werkzeuge, die solchen in Asien ähnlich sehen. Aufgrund dieser Zeugnisse sagen die Archäologen, daß das nördliche Nordamerika von Einwanderern aus Asien besiedelt wurde, die über jene Landbrücke kamen, die einst Sibirien mit Alaska verband oder über den schmalen Streifen Eises oder Wassers, der heute Bering-Straße genannt wird. Und sie sagen, daß vielleicht die ersten dieser Einwanderer bereits 25 000 Jahre vor der christlichen Zeitrechnung in Alaska und im Yukon-Territorium gejagt haben.

Die Beziehungen, die die moderne Wissenschaft zwischen den Kulturen der Gegenwart und jenen, die den hohen Norden als erste bewohnten, herstellen, sind so gesehen eher dünn. Die frühen Völker erhalten zu ihrer Kennzeichnung Vorsilben von begrenzter Bedeutung: Proto-Athapasken, Paläo-Indianer, Prä-Dorset, Paläo-Eskimo.

Von archäologischer Warte aus ist das Klima ein wichtiger Faktor. Die trockene Kälte des hohen Nordens bewirkt, daß Artefakte und menschliche Überreste dicht unter der Erdoberfläche liegen und über eine erstaunlich lange Zeit nicht verrotten. Zeltringe, die Bodenreste von Wohnstätten und Gräber gelangen seit Jahrhunderten an die Oberfläche, wenn der Tundraboden auftaut. Mehrere tausend Jahre alte Masken und Harpunenspitzen liegen, vom Dauerfrostboden konserviert, weniger als einen Meter tief in der Erde. Die Jäger des Nordens waren allerdings erfolgreich, auch wenn sie an keinem Ort länger als einen flüchtigen Augenblick auf der archäologischen Zeitskala verweilten. Und sie erfreuten sich der Vorteile einer Technologie, die gleichermaßen leicht im Gedächtnis behalten wie auf dem Rücken getragen werden konnte. Für Ar-

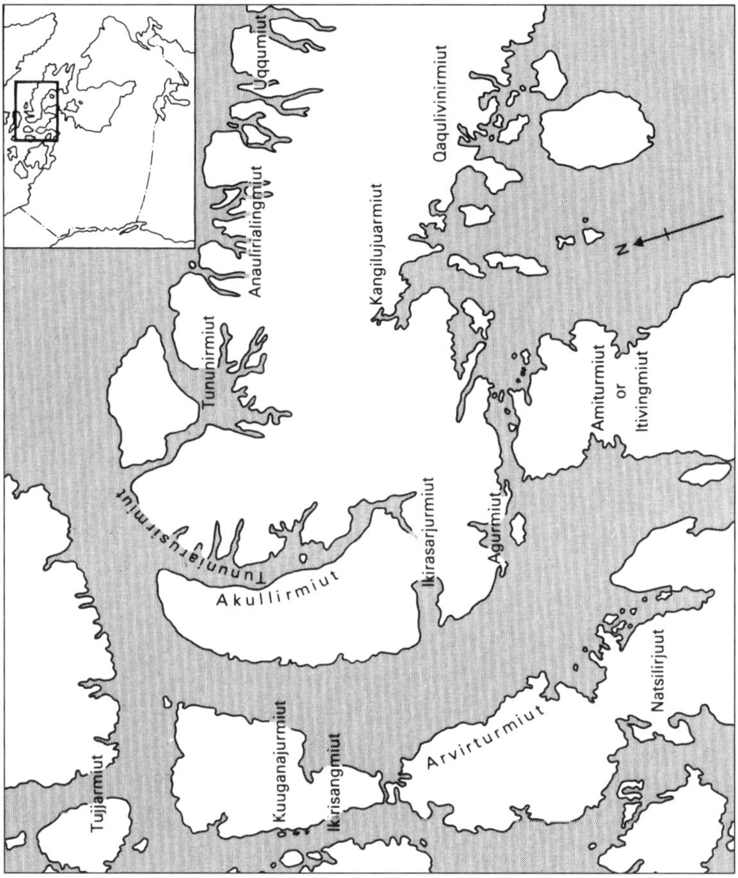

2. Die Inuit des nördlichen Baffin Island
Agurmiut: Das Volk vor dem Wind. *Akullirmiut:* Das mittlere Volk. *Amiturmiut:* Das Volk aus der kleinen Region. *Anaulirialingmiut:* Das Volk von dem Ort, an dem die Fische erschlagen werden. *Arvirturmiut:* Das Volk der Grönlandwalesser. *Ikirasarjurmiut:* Das Volk der kleinen Pfeile. *Itivingmiut:* Das Volk auf der anderen Seite des Landes. *Kangilujuarmiut:* Das Volk von der großen, weit ins Land reichenden Bucht. *Kuuganajurmiut:* Das Volk vom schnellfließenden großen Fluß. *Natsilirjuut:* Das Volk von wo es Robben gibt. *Qaqulivinirmiut:* Das Volk von dem Ort, an dem die Schneegans bleibt. *Ikirisangmiut:* Das Volk der Pfeile. *Tujjarmiut:* Das Volk des unebenen Geländes. *Tununiarusirmit:* Das Volk vom Ort des zweiten Schattens. *Tununirmiut:* Das Volk vom Ort des Schattens. *Uqqumiut:* Das Volk von der Leeseite.

chäologen ließen sie – in welchem Erhaltungszustand auch immer – nur wenig zurück. Dinge, die sie anfertigten und von denen sie abhingen, wurden wieder eins mit dem Land, von dem sie kamen.

Doch das Wenige reicht aus, um die Archäologen davon zu überzeugen, daß sie mit der mündlichen Überlieferung der Dene insofern übereinstimmen, als sie (beide) sagen, daß immer dann Jägervölker im hohen Norden gelebt haben, wenn das Land frei von einer ganzjährigen Eisdecke war. Die Tundra, Buschwerk und Grasland am Rande der Gletscher – vielleicht sogar Landbuchten, die tief in das Eis hineinreichten – es war dies eine Welt wie geschaffen für Jäger. Wann und wo immer sie dazu in der Lage waren, haben sich Menschen für ein Leben in arktischen und subarktischen Regionen entschieden.

Das Mosaik von Territorien und Gesellschaften im kanadischen Norden ist sehr viel komplizierter, als die wissenschaftlichen Karten es darstellen können. Wie das Fußteil eines Stiefels aus Seehundleder gemustert ist, die Betonung bestimmter Wörter, das offene Gelände, das für das Sommerlager bevorzugt wird – mit solcherart Details bringen die Menschen gegenseitige Unterschiede zum Ausdruck. Dies ist der lebende Atem der Kultur, und es sind die Fakten, die Vergnügen machen und tägliche Aufmerksamkeit erfordern.

Die Ethnologen unterteilen die Völker Nordkanadas in drei große Gruppen: die Athapasken der westlichen Subarktis, die Algonkin der östlichen Subarktis und die Eskimo der Arktis. Diese Gruppierung ist linguistisch, die Einteilung entspricht drei verschiedenen Sprachfamilien. Jede Gruppe besteht aus kleineren Einheiten – bands, Stämmen, nations –, die alle ihre spezifischen Wohngebiete, ihre eigenen Dialekte und ihre eigene soziale und materielle Kultur haben, die sich in europäischen Augen unterscheiden. So unterteilen sich die Athapasken in Dogrib, Hare, Kutchin, Dunne-za oder Beaver, Slavey und andere Gruppen. Algonkinsprachig sind die Cree, Naskapi und Montagnais. Zu den Eskimo zählen die Mackenzie oder Inuvialuit, die Copper, Netsilik, Karibu, Iglulik, Ungava und andere mehr.

In vielerlei Hinsicht stimmen diese ethnologischen Unterteilungen mit den Abgrenzungen der Völker selbst überein. Die meisten Athapasken nennen sich heute Dene oder Dena – ein Ausdruck bzw. Affix, das in ihren Sprachen so viel wie „Menschen“ oder „Leute“ bezeichnet.

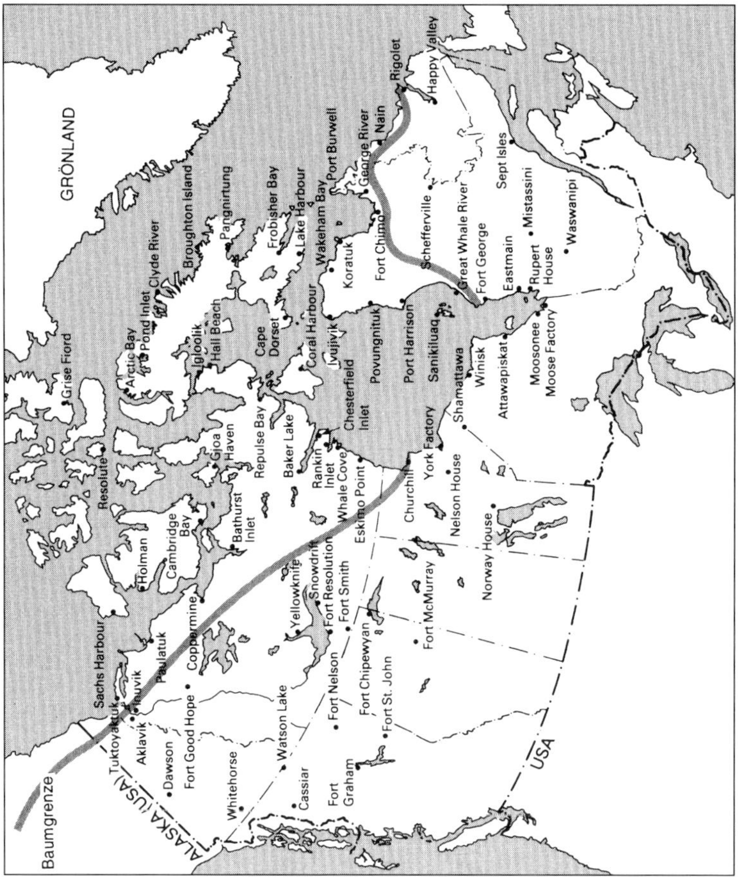

3. Moderne Städte und Dörfer des kanadischen Nordens

Die Jäger und Fallensteller des kanadischen Nordens verbringen inzwischen einen Großteil des Jahres in Gemeinden, die in den meisten Fällen auf Gründungen von Pelzhändlern zurückgehen und durch die Errichtung von Regierungsagenturen vergrößert wurden. Rings um all diese Ortschaften dehnten sich die Gebiete der Jäger und Fallensteller aus.

Die Labrador-Algonkin verwenden ihr Wort für „Leute", Innu, wenn sie von sich selbst sprechen. Die kanadischen Eskimo-Gruppen nennen sich Inuit, was gleichfalls „Personen" oder „menschliche Wesen" bedeutet. Und innerhalb dieser großen Abteilungen gibt es Gruppen, deren Territorien den Grenzen auf den Karten der Ethnologen entsprechen, auch wenn die meisten nicht die Namen benutzen, die sie von Fremden erhalten haben.

In diesem Buch werden hauptsächlich die Eigenbenennungen der Völker verwendet – Dene, Innu und Inuit. Gelegentlich werden kleinere Gruppen mit den aus der Ethnologie bekannten Namen bezeichnet. Oft jedoch sind nur die Jäger und Trapper des Nordens oder einfach die Menschen Thema des Buches. Verglichen mit den Kräften, die auf ihr Leben einwirken und ihren Landbesitz bedrohen, haben die vielen verschiedenen ethnischen Gruppen des arktischen und subarktischen Kanada allzuviel gemeinsam.

Die heutigen Bevölkerungsgruppen der Dene, Inuit, Innu und Métis (die Nachkommen aus Allianzen zwischen Dene oder Cree und weißen Pelzhändlern)* sind über den gesamten kanadischen Norden verstreut. Die wichtigsten Dörfer und Niederlassungen können kartografisch erfaßt werden. Aber Punkte in einer unendlich weiten Landschaft sind irreführend. Die Territorien der Jäger und Fallensteller sind nicht auf das unmittelbare Hinterland dieser modernen Dörfer beschränkt. Sie ziehen sich über das ganze Land hin und erstrecken sich oft bis in Gegenden, die weit entfernt sind von den Zentren der Pelzhändler, Missionare und weißen Verwaltungsbeamten. Auf jedem dieser Territorien gibt es Lagerstätten, Blockhütten und alte Dorfanlagen, die zusammen ein anderes Siedlungsniveau ergeben, das die These von der Isolation kleiner Gemeinden, die durch weitgedehnte Landstriche augenscheinlicher Wildnis voneinander getrennt sind, Lügen straft.

Das ganze Land – einschließlich seiner Seen und des eisbedeckten Meeres – ist bekannt, benannt und voller Bedeutung, weil Jäger und Fal-

* Die Métis sind im mittleren Kanada seit jeher am zahlreichsten und kulturell eigenständig. Eine bedeutende Gruppe lebt jedoch im Tal des Mackenzie. Sie schließen sich den Dene dieser Region an. Mehr Einzelheiten über die Geschichte der Métis siehe in Kapitel 11.

Die Zukunft
4. Gebiete des nördlichen Kanada, wie sie von den einheimischen Ethnien beansprucht werden oder in Absprache zwischen ihnen und der Bundesregierung in jüngerer Zeit festgelegt worden sind.

1. Rat für die Landansprüche der Yukon-Indianer
2. Inuvialuit-Territorium
3. Denendeh (Dene)-Territorium
4. Métis-Territorium
5. Nunavut (Inuit)-Territorium
6. Von der Vereinigung der Labrador-Inuit beanspruchtes Gebiet
7. Von der Vereinigung der Naskapi-Montagnais-Innu beanspruchtes Gebiet
8. Durch die James-Bay- und Northern-Quebec-Übereinkunft festgelegtes Gebiet
9. Vom Rat der Attikamek-Montagnais beanspruchtes Gebiet

Überschneidungen und Landansprüche in den Westprovinzen sind nicht festgehalten.
Quelle: Canadian Arctic Resources Committee, Northern Perspectives 13 (5), 1985.

lensteller es nutzen und damit umgehen. Von Gletschern und Bergspitzen abgesehen gibt es so etwas wie arktische oder subarktische Wildnis nicht. Die punktgleichen Dörfer auf den Karten zeigen an, wo heute Menschen leben, wo ihre modernen Adressen sind. Aber für die Familien, die sozialen Einheiten und Kulturen bildet der gesamte Norden die kollektive Heimat.

Die Jäger und Fallensteller zählen wahrscheinlich zwischen 70 000 und 100 000; davon sind grob geschätzt 24 000 Inuit, 17 200 Dene, 11 700 Cree, 470 Naskapi, 825 Innu und 3 200 Montagnais. Es existieren jedoch keine genauen Bevölkerungsstatistiken. Personen, die von der kanadischen Regierung als Indianer oder Inuit eingestuft werden, finden sich alle auf den Namenslisten der Verwaltungsbeamten. Doch wurde im Fall der Dene und Innu Kindern indianischer Mütter und weißer Väter oft nicht der offizielle Status als Eingeborene zuerkannt (umgekehrt jedoch schon, wenn es sich um die Kinder weißer Mütter und indianischer Väter handelte). Obwohl viele dieser Kinder als Indianer aufwuchsen und sich selbst als Indianer betrachten, gelten sie in den Zensusdaten nicht als solche. Entsprechend werden die unter dem Namen „Siedler" (Settlers) bekannten Nachkommen von Europäern an der nördlichen Labradorküste, die kulturell und ökonomisch mit den Labrador-Inuit verschmolzen sind, in der Regel nicht als Eingeborenengruppe anerkannt. Die tatsächlichen Zahlen sind in den offiziellen Angaben daher schon immer zu niedrig angesetzt.

Unser nicht sehr umfangreiches Buch beschränkt sich auf Regionen und Gesellschaften im arktischen und subarktischen Kanada, am Rande oder jenseits landwirtschaftlicher Besiedlung und außerhalb des wirtschaftlichen und sozialen Einflußbereichs des pazifischen Lachses. Ihre Trennung von anderen Kulturen im mittleren und nördlichen Kanada ist künstlich. Ojibwa, Tahltan, Carrier, Wet'suwet'en, Tlingit und viele Völker der nördlichen Pazifikküste sind ebenfalls von Jagd und Fallenstellen abhängig, ganz zu schweigen von den zahlreichen ethnischen Gruppen Alaskas, Ostsibiriens und Grönlands. Viel von dem, was für die Geschichte, Ethnografie und Politik des subarktischen und arktischen Kanada gilt, ist auch in einem größeren Kontext anwendbar. Die Völker des kanadischen Nordens haben mit anderen, die wie sie von der Jagd, vom Fallenstellen, von Tieren und nördlichen Territorien abhängen, zwingende Charakteristika gemeinsam, aber auch einen Teil der beunruhigenden modernen Geschichte. Dieses Buch kann sich mehr oder weniger nur den bereits erwähnten Völkern widmen, aber es spricht für viele andere mehr.

KAPITEL 3

Kälte

Mittlere Tagestemperatur (°C)

	Jan	Feb	Mär	Apr	Mai	Jun	Jul	Aug	Sep	Okt	Nov	Dez
Hohe Arktis (Arctic Bay, NW-Territorien)	-29,8	-31,1	-27,7	-19,8	-7,6	2,1	5,8	4,8	-1,6	-11,1	-21,1	-26,8
Westliche Subarktis (Fort Smith, NW-T)	-26,9	-22,6	-14,6	-3,2	7,1	13,1	16,1	14,3	7,7	0,5	-11,8	-21,4
Östliche Subarktis (Schefferville, Quebec)	-22,7	-21,1	-14,8	-6,9	0,9	8,5	12,6	10,8	5,6	-0,9	-8,7	-18,1

Während eines durchschnittlichen arktischen Januars liegt die Lufttemperatur an einem ruhigen Tag zwischen -24 und -36° C. In der Subarktis beträgt die Skala -10 bis -22° C. Auf 70 Grad nördlicher Breite, entlang einer Linie, die durch den Norden des Dene- und Inuit-Gebiets schneidet, liegt die durchschnittliche Temperatur nur in drei Monaten des Jahres – Juni, Juli und August – über dem Gefrierpunkt. Selbst am Südrand des Inuit-Territoriums, in Labrador und der Hudson-Bay-Region, sind die Küsten und Inseln mindestens sieben Monate im Jahr vom eisbedeckten Meer eingeschlossen. In den borealen Wäldern und der subarktischen Inlandtundra ist das große landschaftsprägende Labyrinth aus Seen und Naßgebieten acht oder neun Monate des Jahres über zugefroren. Im Sommer tauen nur wenige Zentimeter des arktischen Bodens gleich unter der Oberfläche auf: darunter sind Erde und Feuchtigkeit gefangen im felsgleichen Kontinuum des Dauerfrostbodens.

Arktische und subarktische Gesellschaften leben nicht einfach der Kälte zum Trotz, wenngleich in notgedrungener Abhängigkeit von ihr. Alle diese Kulturen haben ihre eigenen Methoden, den Winter zu ihrem Vorteil zu nutzen. Einige davon sind vergleichsweise einfach zu erkennen. Die Fische in einem zugefrorenen See sind dem Fischer gegenüber im Nachteil, der weiß, wo er seine Eislöcher anzubringen hat und eine Angel auslegen oder ihnen mit dem dreizackigen Fischspeer auflauern kann. Karibus, die nach Süden ziehen, um dem Winter im hohen Norden zu entgehen, können abgefangen, getötet und in solcher Zahl eingelagert werden, daß es den Winter über ausreichende Vorräte an gefrorenem Fleisch und Fett gibt. Seehunde, die ihm hohen Norden überwin-

Ein Iglu ist leichter in gutem Zustand zu halten als ein Haus. Ich kann mich nicht daran erinnern, je gefroren oder es ungemütlich gehabt zu haben. Wenn es zu alt wurde und man es tagtäglich ausbessern mußte, hat man sich einfach daran gemacht, ein neues zu bauen.
Celine Ningark
Pelly Bay

Zweimal ging ich in den Süden: nach Edmonton in Saskatchewan. Es ist sehr warm da unten – ich war im Juli da –, zu heiß, um ins Freie zu gehen.
Guy Kringorn
Pelly Bay

tern, brauchen Atemlöcher im Eis, um an die Luft zu gelangen, und sind damit für Harpunen und Schußwaffen angreifbar. Neues Eis bietet einem Hundeschlittenteam ausgezeichnete Reisebedingungen auf Meer und Seen: so kann ein Jäger große Gebiete bewältigen, immer unterwegs zu Fischplätzen und Atemlöchern, und mit vergleichsweise leichtgewichtiger und eleganter, unkomplizierter Technik seine Beute erlegen. Wenn Schnee in den subarktischen Wäldern liegt, bedeutet das, daß die Elche, die in bekannte Winterreviere in geschützten Tälern abziehen und Gegenden aufsuchen, wo sie schmackhafte Weidenschößlinge erwarten, deutlich sichtbare Spuren hinterlassen. Kanadische Rebhühner und Haselhühner versammeln sich in Scharen und sind leicht an ihren gemeinsamen Schlafplätzen in den Bäumen aufzuspüren. Die Spuren der Hasen im Schnee machen diese zur leichten Beute für den Schlingenleger. So lange wie Karibus, Elche, Seehunde, Fische, überwinternde Vögel und kleinere Säugetiere sehr zahlreich sind, können sich die arktischen und subarktischen Jäger den ganzen Winter hindurch – und dank seiner – mit ausgezeichneter Kost versorgen.

Wartend auf der Lauer liegen – Jäger, die sich solcher Methoden bedienen, die wie die Inuit an Atemlöchern ausharren oder sich hinter Steinhaufen verstecken, sind auf Kleidung aus Karibufellen angewiesen. Im Frühherbst, wenn den Karibus ihre neuen Winterfelle wachsen, liefern die Tiere den effektivsten Kälteschutz. Da die Follikel hohl sind, ist das neue Haar von bemerkenswerter Dichte; das Karibu ist quasi mit einem Luftkissen bedeckt. Durch geschickte Bearbeitung dieser Felle, indem u.a. die Nahtstiche erstaunlich eng nebeneinander gesetzt werden, können die Jäger des Nordens sich gegen nahezu jede Kälte schützen. In zwei Lagen von Karibufellen gekleidet – wobei die innere Haarseite mit der Haut in Berührung kommt, die äußere der Luft ausgesetzt ist –, kann man selbst bei -30° C sicher im Freien sitzen oder sogar schlafen. So angezogen wird es jedem, der in weichem Schnee geht oder auch nur eine leichte Anhöhe hinaufsteigt, rasch zu warm werden, und er wird die äußere Kleidungsschicht ablegen müssen. Bei allen nördlichen Ethnien wird die Bedeutung dieser Karibufellanzüge mit einer Vielzahl von lokalen Mustern und Ornamenten gefeiert.

In den borealen Wäldern der Subarktis, wo die Verfolgung von Tieren zu Fuß als Jagdmethode vorrangige Bedeutung hat, ist die Kleidung

überraschend leicht. Hier verläßt man sich auf die Bewegung, die Wärme erzeugt; wenn sie anhalten, entfachen Jägerfamilien möglichst schnell ein großes Feuer. Für sie sind die Geschmeidigkeit und Haltbarkeit der Fellkleidung von vorrangiger Bedeutung; sie tragen dementsprechend Kleidung aus einfachem Karibufell, die Haarseite auf der Haut, oder präparieren Karibu-, Elch- und Hirschfelle, indem sie die Behaarung entfernen. Die Cree sind berühmt für ihre Decken und Umhänge, die aus Hasenfellen zusammengenäht sind.

Auch die winterliche Behausung nutzt die Kälte zu ihrem Vorteil. Das berühmteste Beispiel dafür ist das igluviga oder Schneehaus (das Inuit-Wort iglu bedeutet „Innenraum, Inneres" oder jede Form von Unterkunft). Aus Blöcken trockenen, vom Wind zusammengepreßten Schnees gebaut, kann ein igluviga in lediglich einer Stunde fertig sein. Wie das Haar des Karibu hält auch der Schnee die Luft in seiner Struktur zurück, was bedeutet, daß das Schneehaus einen exzellenten Wärmeschutz bietet wie sonst nur noch die unbewegte Luft. Drinnen gibt eine mit Robbenfett betriebene Lampe oder ein kleiner einringiger Feldofen genügend Wärme, so daß die Bewohner gemütlich beisammen sitzen können, mit nur einer Kleidungsschicht angetan oder gar mit bloßem Oberkörper. Die von Lampen oder Ofen erzeugte Hitze steigt nach oben unter die Kuppel des Hauses und läßt den schmelzenden Schnee in Rinnsalen die Igluwände hinablaufen. Bei kaltem Wetter friert das Rieselwasser wieder, sobald es die kälteren unteren Teile der Wände erreicht. Ist es draußen und drinnen zu warm, können große Brocken matschigen Schnees hineinfallen. Diesem Problem, das bei unzureichender Kälte auftritt, wird dadurch abgeholfen, daß man im Innern des Schneehauses ein niedriges Dach aus Häuten einzieht.

Überhaupt werden Schneehäuser in Wirklichkeit nur von einer Minderheit der arktischen Völker benutzt. Die meisten Eskimogruppen bauten für die Winterdörfer karmat genannte Hütten aus Steinen, Walknochen und Rasenstücken, die jedoch nur dann warm sind, wenn ringsum Schneeblöcke aufgeschichtet werden. Selbst in der zentralen und östlichen Arktis, jenen Gebieten, die das Schneehaus weltberühmt gemacht haben, wohnen die meisten der auf dem festen Land lebenden Familien den ganzen Winter hindurch eher in karmat als in igluvigat. Die subarktischen Athapasken- und Algonkingruppen bauen Holzhütten oder er-

richten provisorische Unterkünfte aus Holz und Zelttuch oder Holz und Fellen. Manchmal umgibt man sie mit Schneewällen, um sie zu isolieren, doch kommen sie alle nicht ohne Holzfeuer zur Wärmeerzeugung aus.

Der moderne Wohnungsbau hat in alle Ecken und Enden des Nordens vorgefertigte Bungalows, Elektrokocher und Ölöfen gebracht. Ein Ergebnis sind überheizte, feuchte Häuser, und die Folge ist ein Anstieg der Infektionskrankheiten. Doch sind den meisten Bewohnern des Nordens die Annehmlichkeiten des Dorflebens willkommen. Von der Kälte abhängig sind sie allerdings weiterhin. Fleisch wird in Felslöchern aufbewahrt, auf Dächern und in kalten Vorräumen. Schneehäuser, Blockhütten und Buschcamps sind für die Jagd und das Fallenstellen wesentlich, da sie für die Familien nach wie vor Nahrung und Identität bedeuten.

Die Europäer mit ihrem bäuerlichen Erbe reagieren mit fasziniertem Schaudern auf die Vorstellung von Kältewerten, wie sie im hohen Norden herrschen. Diese Faszination führt zu einer gewissen Übertreibung: Kinderbücher über die Eskimo und populäre Literatur über die Arktis behaupten nicht selten mit Nachdruck, es gebe keinen Sommer und Land und Leute seien zwölf Monate lang dem grimmigen Zugriff von Schnee und Eis ausgesetzt. Hervorgerufen und ausgedrückt wird der Horror in Beschreibungen, die von der mangelnden biologischen Produktivität des hohen Nordens sprechen. Eine Region, in der nur eine Handvoll Vögel die Winter überstehen kann, die selbst von den Karibus im Herbst verlassen wird, wo es in riesigen Seen nur eine oder zwei Arten eßbarer Fische gibt und deren eisige Meere nur eine beschränkte Auswahl an maritimen Arten beheimaten – dies ist allem Anschein nach eine Region jenseits der Grenzen der zivilisierten Welt, ein Ort, wo Menschen nicht hingehören und nicht gedeihen können.

Maximal fünfzig Vogelarten nisten im subarktischen Gebiet und in der Arktis selbst nur zehn bis zwanzig. Karibus und Moschusochsen sind die einzigen Huftiere in der Ödnis. Zwei Robbenarten leben unter dem Wintereis, und eine davon, die Bartrobbe, wird von Jägern nur selten aufgespürt. Aber die Fische in den Seen, vor allem der Arktische Saibling und die Forelle, erreichen eine außerordentliche Größe und können zu bestimmten Zeiten in großen Mengen gefangen werden. Entsprechend sind auch die Karibuherden riesig und zählen in einigen Fällen

Hunderttausende von Tieren. Und die Ringelrobbe ist an jedem Abschnitt der arktischen Küstenlinie zahlreich. Niedrige biologische Produktivität bedeutet, daß die Tiere eine langsame Wachstumsrate haben oder ausgeklügelte Wanderungen durchführen müssen. Dies hindert sie nicht daran, groß oder zahlreich zu sein. Und vom jägerischen Standpunkt sind es Zahl und Gewicht der Tiere, nicht die Artenvielfalt, die den Reichtum der Jagdgründe ausmachen.

Die Biologie des hohen Nordens ist tatsächlich reicher, aber auch kälteabhängiger, als es zunächst erscheinen mag. In riesigen Arealen, wo sich über Dauerfrostböden flache Seen und Tundramoor gebildet haben, kann das Wasser nicht versickern. Auch ist die Verdunstung in der trokkenen Kälte minimal. Ausgedehnte Seichtwassergebiete gewähren Lebensbedingungen für zahlreiche Insekten. Von den Schwärmen kleiner Fliegen ernähren sich viele Vögel und Fische. Gleichzeitig schaffen Süßwassergarnelen und die Larven dieser Fliegen eine Nahrungsgrundlage für Enten, Gänse und Saiblinge. Die offene Tundra, deren kalte Sommer dafür verantwortlich sind, daß Bäume auf Bonsai-Niveau, Zentimeter über dem Erdboden, bleiben, ist der perfekte Lebensraum für Flechten, Gräser und Seggen, von denen sich das Karibu ernährt. Trotz kalter Luft und Dauerfrost wachsen auf manchen arktischen Inseln an die 200 Pflanzenarten, während in der Tundra und den subarktischen Wäldern etwa 600 gefunden werden. Im ganzen Land gewährleistet die Sonneneinstrahlung in Frühling und Sommer, daß Insekten und Gräser in jenes Protein umgewandelt werden, das für die Jäger lebensnotwendig ist. Aber das biologische Habitat selbst ist zunächst einmal das Ergebnis der extremen Kälte.

Das Meer stellt ein zweites biologisches Reservoir dar, ebenfalls ein Produkt der Kälte. Alljährlich ziehen Millionen kleiner Meereslebewesen, darunter Plankton, Krill, Garnelen und Jungfische, in arktische und polare Gewässer. Sie leben von den Mikroorganismen, die an der Unterseite der Eisdecke gedeihen. Wenn das Eis im Frühjahr und Sommer bricht, in Bewegung gerät und schmilzt, wird diese Nahrung ins Wasser freigesetzt. Die kleinen Tiere werden zur Beute größerer Organismen: verschiedener Robben-, Wal- und Delphinarten. Die Nahrungskette stellt genügend Nährstoffe bereit, um zu gewährleisten, daß eine große Robbenpopulation das ganze Jahr über in der Arktis überleben kann.

ski-doo

Sobald das Land auf sonnenbeschienenen Hanglagen und Höhenrükken schneefrei ist, beeilt sich die Pflanzenwelt des hohen Nordens, den kommenden kurzen Sommer auszunutzen. Überall beginnen Blumen zu blühen, die Gräser bilden zarte und wunderschöne Samenkapseln aus und die Beerensträucher tragen Früchte. Auf den Polarinseln, wo der Schnee bis zum Juni liegen bleibt und das Eis auf dem Meer bis Ende Juli fest ist, hat das Pflanzenleben erfolgreiche Überlebensnischen zwischen zerborstenen Felsblöcken und auf schlammigen Grasinseln im Moor gefunden. Nördlich des Polarkreises geht die Sonne im Sommer nicht unter; bei 70° Nördlicher Breite herrscht von Mitte Mai bis Ende Juli ständig Tageslicht. In dieser kurzen, aber sonnigen Wachstumsperiode kehren alljährlich riesige Vogelschwärme zum Nisten zurück. Allein einer von mehreren Lummenfelsen auf Bylot Island beherbergt zum Beispiel nicht weniger als 250 000 brütende Paare. Wer in dem Glauben aufgewachsen ist, der Norden sei eine unerträgliche Umwelt, sieht in diesen Blumen und den nistenden Vögeln lebenskräftige Außenposten von natürlicher Schönheit, eine Art Herausforderung der kalten Unmöglichkeit durch Vertreter der Zivilisation.

Für die Jäger des Nordens jedoch kann die Wärme extreme Probleme mit sich bringen. Wasser ist für den Reisenden und Jäger gefährlicher als Eis. Überschwemmte Tundra mit Seen und Flachmooren bedeutet, daß Schlittenfahrten unmöglich sind und daß man oft unter extrem schwierigen Bedingungen zu Fuß unterwegs ist. Den Sommer über ist das Wasser nicht so salzhaltig und Seehunde sind weniger fett: angeschossen gehen sie daher sehr leicht unter; Strecken offenen Wassers werden durch unvorhersehbare Sommerstürme für Kajak- und Kanufahrer gefährlich. Die nördlichen Wälder sind im Sommer voll dichten Unterholzgestrüpps, aber kaum weniger morastig als die Tundra. Zum Spurenlesen und Schlingenlegen sind dies die schlechtesten Bedingungen. Und, egal ob Tundra oder Wald, Sommer heißt auch, daß Myriaden schwärmender Stechfliegen zur unerträglichen Plage werden, wenn kein Wind weht. Bei feuchtwarmem Wetter sind Felle und Pelze als Kleidungsstücke sehr viel weniger geeignet als bei Kälte. Stiefel und Jacken aus Seehundsleder können zwar wasserdicht sein, aber Häute saugen sich voll Feuchtigkeit und verlieren ihre isolierenden Eigenschaften. Moderne wasserdichte Kleidung hält zwar die Nässe ab, schützt aber nicht gegen Kälte. Jeden Sommer nehmen Inuit, die zur Karibujagd landeinwärts ziehen, große Risiken auf sich und müssen schlimmste körperliche Mühsal ertragen. Für die Dene, Cree, Naskapi und Innu ist der Sommer eine Zeit, in der es gilt, ein Stück offenen Landes oder einen Küstenstrich zu finden, die ziemlich insektenfrei sind, und wo sich die Schwierigkeiten der sommerlichen Jagd durch die Vorteile gemeinschaftlichen Beisammenseins und relativen Nichtstuns bezahlt machen.

In Arktis wie Subarktis sind die Frühlingslager Orte der Fröhlichkeit und des Tatendrangs. Die Inuit fahren in ihren Kanus den Rand des Eises ab oder erschließen neue Jagdgebiete in der gerade eisfrei gewordenen offenen See: auf junge Seehunde geht es, die sich auf dem Eis in der Sonne räkeln, oder auf die Nistplätze von Seevögeln, deren Eier gesammelt werden. Dene und Cree suchen die Biberteiche auf, wo sie sich, sobald die Tiere ihre Bauten verlassen, an einer aufregenden Jagd erfreuen oder über die zu erwartenden Gewinne nachdenken mögen. Aber diese Frühlingscamps sind nur von kurzer Dauer. Wenn der Sommer erst einmal seine volle Stärke erreicht hat und die Fliegen zu schwärmen beginnen, dann meint nur noch der Besucher aus dem Süden, der europäische Forscher oder der nordamerikanische Biologe, daß dies die rechte Zeit sei, um in den Norden zu kommen.

Sobald die Seen zufrieren, sich auf dem Meer eine neue Eisdecke bildet und fester Schnee gute Reisebedingungen schafft, können die Jäger sich mit neuer Leichtigkeit über ihr Territorium bewegen. Heutzutage findet die Erregung, die die Menschen bei jedem Winteranbruch packt, ihren Widerhall im Motorengedröhn der Schneemobile und der spürbaren Nervosität ganzer Gruppen von Jägern und Reisenden, die sich wieder einmal den Vorteil zunutze machen, den ein Leben in und mit der Kälte mit sich bringt.

Tipe mit Altar, Fort Simpson. *Government of the Northwest Territories, Tessa Macintosh, 1984.*

Die letzten Blöcke werden eingefügt, dann ist das Schneehaus fertig. *Östliche Arktis. K.F., o.D. Government of the Northwest Territories.*

Dene-Lager mit Gestellen zum Fischtrocknen. Mackenzie-Tal, Northwest-Territorien. *René Fumoleau, ca. 1980.*

Eisbär. Ellesmere Island. *Dan Orienti, 1983.*

Schlafplattform in einem Inuit-Lager unweit Igloolik. *Bryan und Cherry Alexander, 1987.*

Motorschlittenrennen an Ostern. George River, Quebec.
John MacDonald, ca. 1972.

Devon Island. *Dan Orienti, 1982.*

Walroß. Ellesmere Island. *Dan Orienti, 1983.*

Lager in der Nähe von Igloolik. *Bryan und Cherry Alexander, 1987.*

Elijah Nutarak beim Enthäuten eines Eisbärs. Ellesmere Island.
Dan Orienti, 1982.

Corrine Shae bereitet Trockenfleisch zu. Sansault Rapids, Mackenzie River, Northwest-Territorien. *Anne Cubitt, 1981.*

Jäger beim Enthäuten eines Karibus, unweit Igloolik. *Bryan und Cherry Alexander, 1987.*

Dene-Frau entschuppt Weißfische. Sommerlager, Mackenzie-Tal, Northwest-Territorien. *K.F., Government of the Northwest Territories, ca. 1968.*

Walroßjäger, in der Nähe von Devon Island. *Dan Orienti, 1981.*

Eine Netsilingmiut-Frau bringt in einem Iglu eine Robbenöllampe in Ordnung. Pelly Bay, Northwest-Territorien. *G.M. Rousselière, ca. 1960.*

Trommler der Dunne-za, Halfway-River-Reservat, nordöstliches British Columbia. *Anne Cubitt, 1981.*

Wilbert Kochon hält zwei Wolfspelze, Colville Lake, Northwest-Territorien.
René Fumoleau, ca. 1980.

KAPITEL 4

Fleisch

Gehalt von Vitamin C in Fleischnahrung (Um Skorbut zu vermeiden ist ein Minimum von ca.10mg täglich vonnöten.)	Roh Ascorbinsäure (mg/100g)	Gekocht
Seehundfleisch	0,5-3	0,5-2,5
Seehundleber	18-35	14-30
Walhaut (Narwal)	18	o.A.
Walhaut (Beluga)	35	o.A.
Walspeck (Beluga)	5	o.A.
Tierfleisch (Karibu, Moschusochse, Eisbär)	0,8-1,8	0,5
Fisch (Kabeljau, Forellenartige)	0,5-1,8	o.A.
Kabeljaurogen	44	o.A.
Vogelfleisch	1-2	0,3-1

Quelle: H. W. Rasmussen (1939), „Vitamin C sources in Eskimo food", Nature, 143, S.943.

Die Nahrungsgrundlage der jägerischen Kulturen des hohen Nordens besteht fast ausschließlich aus Fleisch und Fett. Krill und kleine Fische, die ihrerseits von Krill leben, sind für den Fang zu klein und kommen daher für den Verzehr durch den Menschen nicht in Frage. Seehunde dagegen wandeln sie in kräftige Muskelpakete und Fettschichten um. Obwohl die Inuit die Larven der Pferdebremse essen, die als Schmarotzer im Karibufleisch gedeihen, eignen sich Insekten und ihre Puppen doch nur wenig als menschliche Nahrung. Aber Fische, die sich von Puppen und Larven ernähren, wachsen zu großen und fettreichen Exemplaren heran; vor allem Saiblinge und Rotforellen werden zur Beute und Nahrung der Jäger. Das menschliche Verdauungssystem kann die Nährstoffe, die in Riedgräsern, Flechten und Moosen enthalten sind, nicht herauslösen. Aber die riesigen Karibuherden produzieren Fleisch und Fett, und die Proteine, Vitamine und Kalorien daraus werden vom menschlichen System leicht aufgenommen. Elch und Maultierhirsch, die sich an sprossenden Weidenzweigen und anderen Pflanzen gütlich tun, sorgen entsprechend für die subarktischen Jäger. Sowohl Bären als auch Menschen betrachten Fische und Beeren als Nahrung, Menschen essen allerdings auch Bären (und vermischen ihr Fett mit Beeren).

Im Inuktitut, der Sprache der Inuit, sind das Wort für „essen" (niri) und das Wort für „Fleisch" (niqi) einander auffallend ähnlich, und tatsächlich ist niri eine Wurzel, die sowohl für „Nahrung" als auch für die verschiedenen Formen des Verbums „essen" gebraucht wird, während ein Ausdruck, der am besten mit „richtigem Essen" übersetzt wird,

nirimarik, genaugenommen auf „Fleisch von wilden Tieren“ verweist. In den Wörtern für „Fett“, uksuk und tunnuk, steckt die Unterscheidung zwischen dem Fett der See- bzw. dem der Landtiere. Die lebenswichtige Bedeutung, die das Fett der Meeressäuger für den Speiseplan vieler Inuit hat (die große Ausnahme bilden die vom Karibu abhängigen Bewohner der Binnentundra) geht aus der Verwendung von uksuk als Wurzel von uksualuk, dem Wort für „Petroleum, Heizöl“ hervor, ohne das heutzutage weder Jagd noch Essenszubereitung denkbar sind. Die Dene stellen in ihren alten Geschichten einen ähnlichen Zusammenhang her, wenn sie sagen, daß der weiße Mann seine Energie aus Quellen schöpft, in denen sich die Fettreste von Tieren aus früherer Zeit angesammelt haben.

In den Fleisch essenden Gesellschaften des Nordens werden die Tiere mit großer Fertigkeit und viel Enthusiasmus geschlachtet, präpariert und gelagert. Wenn man Fleisch richtig zuzubereiten und zu behandeln weiß, ist es sowohl nahrhaft als auch die Grundlage für die verschiedensten, ausgefallenen Geschmäcker.

Wenn Inuit-Jäger eine Ringelrobbe erlegen, verzehren sie häufig, solange der Kadaver noch warm ist, die rohe Leber gemischt mit kleinen Brocken Fettes oder frischen Blattrippen. Einmal gefroren verändern sich Gewebezustand und Geschmack des Fleisches; Stücke vom Rücken und von den Gliedmaßen schmecken besonders gut. Kutteln, frisch oder vom Wind getrocknet, sind eine Delikatesse. Alle Teile des Seehunds werden in sorgfältig zerlegten Portionen auch gekocht und heiß gegessen. Robbenfleisch, das in halbunterirdischen Felsnischen gelagert wurde, gehört zur Kategorie igunaaq, der Inuit-Entsprechung von Käse: Fleisch, Fett und Haut einer jeden Tierart nehmen jeweils einen ganz bestimmten, starken Geruch an, während sie im Proviantversteck langsam vor sich hin faulen. Nur wer igunaaq richtig zu würdigen versteht, weiß um die exquisiten Geschmacksanforderungen der Inuit. Das gilt, in der sorgsamen Wahl und Zusammenstellung von Fleischteilen, Fleischsorten und Erhaltungszuständen, für die verschiedensten Landtiere, Vögel und Fische.

Bei den subarktischen Dene wird das Fleisch eines frisch getöteten Elchs in Streifen geschnitten und an offenen Feuern gegrillt. Der Großteil der Beute wird jedoch zurück ins Lager oder Dorf gebracht, wo das Fleisch unter den Haushalten verteilt wird. Einiges wird gleich gegessen,

anderes entfaltet – wie abgehangenes Fleisch in guten Metzgereien – einen kräftigeren Geschmack und verändert seine Textur, wenn es längere Zeit in einem überdachten Vorbau des Hauses aufbewahrt oder am Rande offenen Feuers leicht geräuchert wird. Die freudige Erfahrung, Elchfleisch zu essen, setzt geradezu voraus, daß man diese Veränderungen zu würdigen weiß.

Bei den subarktischen Jägern jedoch besteht die wichtigste Methode der Fleischzubereitung in der Präparation des berühmten Trockenfleisches – der am leichtesten verdaulichen, in stärkster Konzentration gegebenen Proteinquelle, die menschlichen Kulturen bekannt ist. Trockenfleisch wird von Frauen zubereitet, die große Längsstücke rohen Fleisches in lange und sehr dünne Streifen schneiden. Diese werden auf Trockengerüsten über stark rauchenden Feuern ausgelegt. Alle paar Stunden drehen die Frauen die Streifen um, bis sie völlig trocken und durchräuchert sind. Die getrockneten Streifen werden dann in Haufen gestapelt und diese mit Tierhäuten oder Segeltuch zugedeckt. Man springt auf die Haufen und preßt und quetscht das Fleisch in eine Form, die für Reiseproviant am praktischsten ist. Mit Fett oder Schmalz bestrichen wird das Trockenfleisch durchaus als eigenständiges, vollwertiges Essen betrachtet, aber auch als köstliche Ergänzung zu anderen Fleischgerichten.*

Nördliche Jäger weisen darauf hin, daß sie nur sehr wenig von einem Tier verschwenden, daß nur die Lungen, die Geschlechtsteile und kleinere Mengen Innereien auf dem Eis oder im Busch zurückbleiben. Alles andere gelangt auf ihren Speisezettel oder wird als Rohmaterial zur Anfertigung von Kleidungsstücken und Gebrauchsgegenständen verwendet. Gehirnmasse verreibt man bei der Bearbeitung von Häuten als Enthärtungs- und Konservierungsmittel. Aus Rücken- und Beinsehnen stellt man Faden her. Luftröhren und Eingeweide von Seehunden werden zu Iglufenstern verarbeitet. Aus Fischhäuten lassen sich stabile und

* Die Inuit bereiten eine ähnliche Art Trockenfleisch aus dem Fleisch von Karibus, Seehunden oder Rotforellen zu. Die trockene Luft der Polargebiete ermöglicht das gleiche Resultat ohne die Anwendung von Feuer: man kann die Fleischstreifen einfach auf Felsen ausbreiten, wo sie von Wind und Sonne getrocknet werden. In den meisten Inuit-Dialekten ist nikku die Bezeichnung für getrocknetes Tierfleisch und pisik das Wort für Trockenfisch. In den athapaskischen Sprachen finden sich Wörter wie beg'uné (im Slavey) und bog'on (im Dogrib).

feste Nadel- und Angelhakenbehälter anfertigen. Aus den Blasen von Schneehühnern machen die Kinder Luftballons. Fischaugen sind ein Leckerbissen – vergleichbar den Imbißhappen für Kinder. Gekochte Entenfüße sind vergnüglich zu essen. Für sämtliche Spielfiguren eines ausgeklügelten Inuit-Spiels reichen die Knochen aus den Schwimmflossen eines Seehundes aus. Ein Gänse- oder Schneehuhnflügel ist ein ausgezeichneter Besen.

Überall im Norden ergänzen und würzen Pflanzen, Wurzeln und Beeren die Fleischnahrung. Die Inuit essen Bärentrauben, Preiselbeeren, Blaubeeren und Amerikanische Heidelbeeren. Dene und Cree sammeln, trocknen und lagern Blaubeeren, Heidelbeeren, Preiselbeeren, Himbeeren und Erdbeeren. Besonders die Cree sind unter den Jägervölkern für die Nutzung von Wurzeln, Rinde und Kräutern als Nahrungs- und Arzneimittel berühmt. Die Inuit essen die Blüten des langstieligen Arktischen Mohns und die Blätter einiger Steinbrechgewächse und Zwergrhododendren, die auf dem Tundraboden kauern. Arktische und subarktische Jäger essen auch die Wurzeln von wildem Pastinak und die Wurzeln eines Riedgrases, bei dem sich reiskornähnliche Klümpchen in Trauben bilden. Aber das reichhaltige, nahrhafte und – so weit verstanden und geschätzt – köstliche Haupterzeugnis ist eine Mischung aus Fleisch und Fett.

Westliche Ernährungswissenschaftler haben viel über die Vorteile einer gemischten Nahrung geschrieben, wobei eine kleine Menge Fleisch durch vergleichsweise große Mengen von Körner- und Hülsenfrüchten, Gemüse, Obst und Milchprodukten ausgeglichen wird. Im Laufe des 20. Jahrhunderts rückte die pflanzliche Nahrung zunehmend als der gesündere Nahrungsanteil in den Vordergrund. Vegetarier, von rigorosen Veganern bis hin zu solchen, die Milchprodukte, Eier und Fisch zulassen, haben in der Ernährungsideologie bemerkenswerten Einfluß gewonnen, und man hat Fleisch für das häufige Auftreten von Herzkrankheiten, Krebs, Diabetes und sogar Aggressionen verantwortlich gemacht.

Tatsächlich gibt es in der Stereotypisierung des Inuit eine spezielle Klischeevorstellung, nämlich das Bild eines Wilden, der rohes Fleisch und Walspeck hinunterschlingt. Mit diesem mißbilligenden, ja verächtlichen Stereotyp hält eine quasi-wissenschaftliche Ungläubigkeit Schritt.

Ich möchte ein paar Worte über dieses Land sagen. Das einzige Essen, das ich mag, ist Fleisch.
Salluviniq
Resolute Bay

Ich würde gerne daheim sein, war mein Gedanke. Ich war richtig ausgehungert - nach Fett, gierig nach dem Fleisch wilder Tiere. Alles was wir zu essen hatten, waren Blätter. Viele von uns lagen im Krankenhaus. Der Doktor mußte mich praktisch zwangsernähren, ich verhungerte langsam. ... Das einzige, das ich dort essen konnte, waren die zwei Eier und Brot. Aber diese Blätter! Das andere Zeug bestand nur aus gekochten Blättern, schrecklichem Gemüse. Das sah aus, als käme es vom Meeresboden.
Bettsy Crowe
Sanikiluaq

Gott erschuf die Welt, damit wir darauf leben und unsere Nahrung jagen können. Gott gab uns die Welt, um das zu tun, also leben wir dementsprechend. Tiere, die auf dem Land sind, gehören dem Land und sind von Gott für den Menschen geschaffen worden, daß er sie esse, für den Menschen geschaffen, daß er sie jage und sich von ihnen ernähre. Nur so kann ich das sehen.
Tom Uvloriak
Nain

Eine der häufigsten Fragen, die im Zusammenhang mit arktischen und subarktischen Jägern gestellt wird, lautet: Wie kommen sie zu ihrem Vitamin C? Eine modernere Variante der Frage wäre: Warum sterben sie nicht alle an Herzversagen? Die Verurteilung des Lebensraumes hat ihren diätetischen Kontrapunkt: Um an einem solchen Ort überhaupt überleben zu können, muß man selbst auf das Niveau eines ekligen und wahrscheinlich ungesunden, fleischfressenden Tieres herabsinken. Der weitverbreitete Glaube, daß eine gemischte oder vegetarische Ernährung die einzige Garantie für gute Gesundheit sei, ist nichts weiter als die Rationalisierung eines von südlichen Ackerbaukulturen auf die Kulturen des Nordens übertragenen Urteils.

Tatsächlich gewährt eine Ernährung aus Fleisch und Fett alles, was der menschliche Stoffwechsel braucht. Neuere medizinische Untersuchungen haben bei den Inuit einen niedrigen Cholesterinspiegel und ein geringes Auftreten von Diabetes nachgewiesen. Ob roh, für kurze Zeit gekocht oder leicht angebraten, Fleisch enthält genügend Vitamin C, um den Anforderungen des menschlichen Körpers gerecht zu werden, andere Bestandteile der arktischen Ernährung – in erster Linie Walhaut und Seehundleber – enthalten Vitamin C sogar in sehr hoher Konzentration. Frühe Forschungsreisende und Walfänger, die in der Arktis überwinterten, wußten nichts über Vitamin C oder seine Verbindung zu Skorbut, sie erlebten aber, daß sie den Winter über gesund blieben, wenn für die Mannschaften ausreichend frisches Fleisch vorhanden war – insbesondere dann, wenn ihre Flaschen mit Limettensaft in der Kälte zerborsten waren.

Zwischen 1918 und 1928 versuchte Vilhjalmur Stefansson die öffentliche und wissenschaftliche Meinung Amerikas von den Vorteilen einer reinen Fleischdiät für die Ernährung zu überzeugen. Zur Stützung seiner Ansicht, wonach eine nur aus Fleisch und Fett bestehende Ernährung – die alles andere als unvollständig, gefährlich und in ernährungswissenschaftlicher Hinsicht ein Rückschritt sei – sich nach nur wenigen Wochen der Anpassung als ideal für die Gesundheit erweisen würde, führte er seine eigenen Entdeckungen bei den Inuit der westlichen Arktis, zahnmedizinische Daten aus allen zirkumpolaren Kulturen (einschließlich der altnordischen) und den gesunden Menschenverstand des Ethnografen ins Feld.

Ohne größeren Eindruck auf die Vertreter einer gemischten oder vegetarischen Ernährung gemacht zu haben, führte er 1928 mit einem Kollegen ein kontrolliertes Experiment durch. Ein Jahr lang aßen sie unter ständiger Überwachung eines Ärzteteams am Bellevue Hospital in New York nur Fleisch und Fett. Die öffentlichen und wissenschaftlichen Reaktionen auf dieses Experiment, die Ergebnisse des Projekts und Stefanssons viele Entdeckungen und Schlußfolgerungen zur kulturellen, historischen und diätetischen Bedeutung von Fleisch sind in seinem Buch „Not By Bread Alone" ausführlich dargestellt. Kurz gesagt sprechen diese Forschungsergebnisse deutlich für Stefanssons Fleischessertheorie. In jüngerer Zeit hat der amerikanische Anthropologe Marvin Harris über die Idealisierung von Fleisch und Fett in nahezu allen menschlichen Gesellschaften geschrieben; er liefert eine mehr oder weniger universale Bestätigung für den Standpunkt der nördlichen Jäger.

Die menschliche Ernährung war im Norden einem häufigen Wandel ausgesetzt. Zucker und Mehl sind zu wichtigen Bestandteilen in der von Kohlehydraten belasteten Nahrung vieler arktischer Völker geworden. Langsam beginnt man die medizinischen Folgen dieser Veränderung zu erkennen. Fettleibigkeit, Sehschwächen und Mittelohrentzündung (die häufig zu Gehörverlust führt) können alle mit dem Wechsel von reiner Fleischnahrung zu modernen, kostensparenden Eßgewohnheiten in Verbindung gebracht werden. Das zahnmedizinische Problem ist ebenso offensichtlich. Arktische Jäger, die nur Fleisch essen, zeigen keinerlei Anzeichen von Zahnfäule, während Kariesvorkommen bei heutigen Inuit- und Dene-Kindern in der weltweiten Statistik einen Spitzenplatz einnimmt.

Die Völker des Nordens bekräftigen auch heute noch die Bedeutung, die Fleisch für sie hat. Einzelstudien über die Jagd bei den Cree, Dunneza und Inuit haben erwiesen, daß Jäger pro Person ein bis zwei Pfund Fleisch täglich heranschaffen. Das Problem ist demnach nicht, daß die Jäger aufgehört hätten zu jagen oder daß für ihre Gemeinschaften kein Fleisch mehr zur Verfügung stünde. Vielmehr sind die nichtfleischlichen Komponenten der Kost für die ernährungsbedingten Erkrankungen verantwortlich.

Stefansson weist in seiner Arbeit darauf hin, daß jemand, der nur Fleisch ißt, den Proteingehalt mit etwa 40 Prozent Fett (in Gewichtsan-

teilen) ausgleichen muß. Menschen schaffen den Ausgleich allerdings innerhalb von Stunden: Wer im Verhältnis zum Protein zuviel Fett verzehrt, dem wird beinahe auf der Stelle übel, wohingegen exzessive Proteinaufnahme eine krankhafte Gier nach Fett hervorruft. Sich selbst überlassen finden die Menschen, solange es ausreichend Fleisch und Fett zu essen gibt, auf natürlichem Weg zu einer ausgeglichenen Ernährung. Bei Kohlehydraten und Zucker jedoch entwickelt der menschliche Körper schnell Toleranzen und Suchtverhalten, was nichts anderes heißt, als daß die Ernährung nicht durch Empfindungen und Bedürfnisse ausgeglichen wird, die der Essensvorgang selbst erzeugt.

Jägerische Gesellschaften werden oft als Menschen beschrieben, die ein Leben am Rande der Existenzmöglichkeit fristen, in ständiger Angst vor dem Hungertod. Aber Jäger haben sich mit weitaus mehr Todesfällen wegen falscher oder schlechter Ernährung und als Folge moderner Mischnahrung abfinden müssen als aufgrund ihrer Abhängigkeit von Nahrungsquellen, die sie aufzuspüren, zu töten und zu essen wußten – und die alles, was der menschliche Körper braucht, in bester Ausgewogenheit bereit hielten.

Natürlich hat es auch Hunger gegeben. Einigen Autoritäten zufolge kam es Ende des 17. und 18. Jahrhunderts zu Klimaveränderungen, die eine Neuverteilung des Tierbestandes zur Folge hatten, wodurch vorübergehend schwere Zeiten für die nördlichen Jägervölker anbrachen. Spätestens in den zwanziger Jahren des 19. Jahrhunderts bestärkte die Hudson's Bay Company Indianer darin, nicht mehr ihre traditionellen Winterjagdgründe aufzusuchen, sondern ihre Fallen ohne Rücksicht auf das Vorhandensein fleischliefernder Arten aufzustellen. Mancherorts kam es daraufhin zu Hungersnöten. Aber die Jagd verdankt ihren teilweise schlechten Ruf dem durch europäische Aktivitäten verursachten Rückgang der Tierbestände. Grönlandwal und Beluga – die für den größten Teil der Inuit lebenswichtig waren – wurden von europäischen und amerikanischen Walfängern zwischen 1800 und 1900 praktisch ausgerottet. Walfänger schlachteten auch die Walrosse, für Menschen wie Schlittenhunde eine primäre Nahrungsquelle, in solchen Mengen ab, daß sowohl die Bestände der westlichen wie der östlichen Arktis um bis zu 80 Prozent reduziert wurden. Entsprechend haben in der subarktischen Region weiße Siedler und Jäger – vor allem während des Goldrausches Ende des 19. Jahrhunderts und noch einmal zwischen 1900 und 1930, als Landwirtschaft und Pelztierjagd durch weiße Trapper einen Aufschwung erlebten – den Rückgang bzw. eine Neuverteilung der Huftiere verursacht, von denen die Dene und Cree abhängig waren. Aber nicht alle Tierpopulationen sind erschöpft worden. Karibus und Elche sind sehr zahlreich und verbreiten sich sogar über ihre früheren Weidegründe hinaus. Im allgemeinen jedoch führten die Jäger des Nordens ein verläßlicheres Leben – und hatten mehr Fleisch zur Verfügung –, bevor der weiße Mann die nördliche Fauna zu Zehntausenden abschlachtete.

Doch trotz dieser vielen Veränderungen ist dank der Anpassungsfähigkeit und Geschicklichkeit der Jäger Fleisch ein Hauptnahrungsmittel geblieben. Verglichen mit den Abenteurern und Forschern, die im 18. und 19. Jahrhundert die Polargebiete bereisten, waren die Inuit, Dene und Cree wohlernährt und gesund. Ihr Leben muß sehr viel sicherer verlaufen sein als das der überwiegenden Zahl europäischer Bauern und städtischer Armer. Und dennoch halten Weiße die nördlichen Jäger für notleidend und marginal. Ganz ähnlich lautet eine vorschnelle moderne Meinung, daß wir es hier mit Menschen zu tun zu hätten, die zu den ärmsten der Welt gehören. Diese „armen“ Leute haben jedoch einen fast unbegrenzten Vorrat jenes Nahrungsmittels zur Verfügung, das Menschen so gut wie aller Kulturen und Zeiten am meisten schätzen: Sie können so viel Fleisch essen wie sie wollen.

KAPITEL 5

Tiere

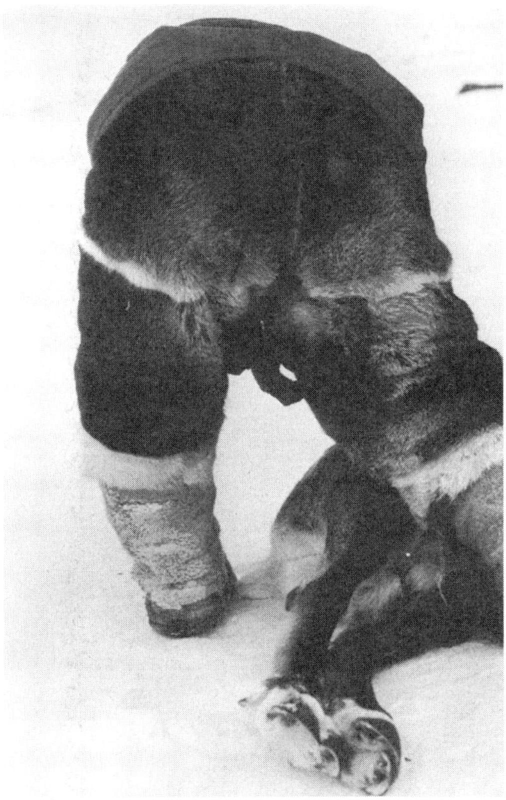

Eine Frau will nie und nimmer heiraten, daher bittet ihr Vater sie, einen Hund zu heiraten, und sie tut es. Als sie Kinder kriegt, sind es Welpen, also steckt sie sie ganz nach unten in ihre Stiefel und läßt sie hinaus aufs Meer treiben. Zu den einen sagt sie: „Ihr werdet Weiße sein, kablunaat, und ihr werdet Dinge machen, große Dinge, gescheit und intelligent." Zu den anderen sagt sie: „Ihr werdet Indianer sein, ihr werdet mit Pfeil und Bogen jagen." Und sie verschwinden. Deshalb haben kablunaat so viele Haare und eine Hautfarbe wie die Hunde. Wir nennen uns selbst Inuit, menschliche Wesen, nicht Tiere. Aber egal, wir nennen auch euch Inuit, wenn wir euch in der Ferne sehen.
Armand Tagurnaaq
Baker Lake

Sie lagerten an dem Ort, von dem er geträumt hatte, und einer seiner Söhne tötete den fetten Elch, wie es ihm in seinen Träumen verheißen worden war. Sein Sohn kam zurück von der Jagd, und sie gingen los, um den Elch ins Lager zu bringen. Die andere Familie begleitete sie dabei ... Der Sohn fragte seinen Vater: „Aba [Vater], wie kam es, daß du geträumt hast, ich würde diesen fetten Elch erlegen? Du hast richtig geträumt."
Jumbie
Prophet River

In den frühesten Zeiten, bevor die Lebensformen ihre Grenzen und die Welt ihre Gestalt gefunden hatte, gab es keine klare Trennungslinie zwischen Menschen und Tieren. Viele arktische und subarktische Geschichten haben sexuelle Beziehungen zwischen Menschen und Vögeln oder Säugetieren zum Thema. Umwälzungen waren die Folge, aus denen die Welt in der Form hervorging, wie wir sie kennen.

Die Tlicho des Mackenzie-Tals gehen auf die Affäre einer Frau mit einem Hund zurück; die wörtliche Übersetzung des Namens ist „Hunderippe". Eine Inuit-Frau, die sich ein Seeungeheuer zu ihrem Liebhaber erwählt, verwandelt sich in einen Fuchs und später in Kriebelmücken. Ein Mann, der mit der Fuchsfrau schläft, wird zu einem Hasen. Die Geschichte des mächtigsten Meeresgeistes, Sedna oder Arnaqapsaluk, beginnt mit der Vereinigung einer Frau mit einem Hund und endet mit der Erschaffung derjenigen Säugetiere, die im Leben der Inuit die größte Bedeutung haben.

Sexuelle Verbindungen mit Tieren gehören in eine Zeit, die der Welt, wie wir sie kennen, vorausgeht. Aber die Bande zwischen Menschen und Tieren bestehen weiterhin; aus ihr beziehen viele Menschen geistige Stärke und Einsicht. Ein blinder Inuit-Junge wird zu einem Polartaucher und erlangt seine Sehkraft zurück. Ein Dunne-za wird zu einem Schwan und ist in der Lage, die Welt von Ungeheuern zu befreien. Diese Verwandlungen sind das Ergebnis einer besonderen Kraft, und neue Kräfte rühren von ihnen her. Das Umweltverständnis der Jäger und Fallensteller und die Kräfte, die sie brauchen, um in dieser Umgebung zu gedeihen, beruhen auf einem Bund zwischen ihnen selbst, den Tieren und dem Land; Geschichten über solche Verbindungen und Verwandlungen sorgen für die ideelle Untermauerung und liefern das notwendige Glaubenssystem.

Jäger und Fallensteller wissen über Tiere Bescheid. Ihr Wissen ist detailliert und gründlich. Die Einzelheiten und die Gründlichkeit sind eine persönliche Wissenschaft, ein Verstehenssystem, das die absolute Abhängigkeit der Menschen vom Land offenbart und sicherstellt.

Abhängigkeit bedeutet andererseits, daß die Jäger, um zu leben, Tiere töten müssen. Sollten die Tiere allerdings abziehen oder dem Jäger aus dem Weg gehen, werden die Menschen hungern. Abhängigkeit bringt Verletzlichkeit mit sich. Das Verhältnis zwischen Jäger und Gejagten ist daher von einer gewissen Gleichheit gekennzeichnet. Letztendlich kann niemand demjenigen überlegen sein, von dem er abhängt. Diese Wahrheit kommt in der Theorie des Lebens zum Ausdruck, die den Vorstellungen und Haltungen der Jäger hinsichtlich der Tiere zugrundeliegt und dem Wissen in den Augen materialistischer Westler eine spirituelle Dimension verleiht.

Menschen besitzen Seelen und Geistkräfte. Menschen und Tiere sind gleich. Daraus folgt, daß auch die Tiere ihren Platz in der Geisterwelt haben müssen. Es folgt ferner daraus, daß auch die Tiere zwangsläufig von der Jagd abhängig sind; sie müssen sich damit einverstanden erklären, getötet zu werden. Alle nördlichen Jäger stimmen darin überein, daß die Tiere, ob lebend oder tot, mit Respekt behandelt werden müssen, wenn sie zulassen sollen, gejagt zu werden.* Die Jagd ist also eine Art Vertrag zwischen Partnern, bei dem nicht immer klar ist, wer die Beute ist.

Der Vertrag ist nicht einfach. Tiere müssen in einem riesigen Gebiet oder dichtem Gebüsch aufgestöbert werden. Oder sie müssen auf einer Wanderroute abgefangen werden, die von den Herden alljährlich eingeschlagen wird. Wie können die Jäger unter so schwierigen Umständen die Tiere finden? Wie können sie sicher sein, daß die Tiere sich töten lassen werden? Dies ist ihr Wissensproblem.

Die Jäger der Athapasken und Algonkin nehmen mit ihrer Beute Kontakt auf, indem sie von Begegnungen mit Tieren träumen. Männer und Frauen, die den Tieren gebührenden Respekt erweisen, können ihre Körper des Nachts verlassen und sich auf Traumpfaden durch die Wildnis bewegen. Der Träumer begegnet einem Elch oder Hirsch. Der Jäger entdeckt ein charakteristisches Merkmal, anhand dessen das Tier identifizierbar ist. In den darauffolgenden Tagen geht der Jäger, sofern die Be-

* In einigen Gegenden, vor allem bei den Völkern westlich der Rocky Mountains, spielt der Lachs (Verwandlung des Lachses, Lachs als Geistwesen) eine zentrale Rolle im sozialen und ökonomischen Leben. Fische sind überall von großer Bedeutung.

dingungen günstig sind, hinaus in den Busch, findet den Trampelpfad seines Traums und geht ihm nach, bis er das Tier aus seinem Traum wiedererkennt. Geradeso wie das Tier zugestimmt hatte, in seinem Traum zu erscheinen, willigt es jetzt ein, sich töten zu lassen. Der Jäger sammelt die Beute ein, als handelte es sich um die Einhaltung eines Vertrags, der in Träumen zustande gekommen war.

Das Jagen mithilfe von Träumen ist nur möglich, wenn der Jäger über Traumkraft verfügt. Diese verdankt er den spirituellen „Ausfahrten" als Jugendlicher, auf denen er Geisthelfern begegnet. Zur gleichen Zeit lernt der junge Mensch, all die Regeln zu befolgen, die einer respektvollen Haltung gegenüber Tieren und Land Gestalt verleihen. Die Traumjagd gewährleistet somit immer wieder, daß die gegenseitige Abhängigkeit zwischen Jäger und Gejagten bestätigt und durch wechselseitige Achtung fortwährend ermöglicht wird.

Folgt man den Wissenstheorien der Dene, Cree und Naskapi, so beruht ein erfolgreiches und glückliches Leben auf der sorgsamen Einhaltung der guten Beziehungen zwischen dem Menschen und allen Bereichen seiner Umwelt. Die wichtigsten Jagdtiere sind die großen Huftiere: auch nur eines zu töten, bedeutet einen beträchtlichen Vorrat an Fleisch und Fett. Sie nehmen denn auch einen zentralen Platz in den Träumen und spirituellen Belangen der Jäger ein. Aber die geistige Kraft kann von jedem beliebigen Tier ausgehen, die kleinsten und wirtschaftlich unbedeutendsten eingeschlossen. Es gibt keine spirituelle Scheidelinie zwischen Tieren, ja noch nicht einmal eine Trennung zwischen der belebten und der unbelebten Natur. Die geistige Kraft kann vom Elch, Bär oder Hasen kommen; aber sie kann auch vom Regenbogen oder irgendwelchen Kräutern herstammen. Die Jäger des Nordens vereinen praktisch alle Teile der natürlichen Welt in einem Modell des Lebens, dessen einzelne Elemente sämtlich voneinander abhängig sind.

Die Inuit-Jäger betonen auch ein spirituelles Verständnis der Umwelt und verweisen beharrlich auf die gegenseitige Abhängigkeit von Mensch und Tier. Selbst vom Wetter wird wie von einer Person, Sila, gesprochen. Redet man über schönes Wetter, heißt es silaqijug, Sila ist abwesend; das Wort für Regen ist, siladlutuq, Sila ist aufgebracht. Dementsprechend sagen die Inuit oft, daß die Tiere, die auf dem Land leben, die gleichen Bedürfnisse und Empfindungen haben wie die Menschen. Wenn sie ein

Tier töten, müssen die Jäger zuerst seinen Geist anerkennen und besänftigen. Die Inuit erklären, Seehunde würden sich deshalb töten lassen, weil sie als Meeresbewohner nach Süßwasser dürsten. In vielen Teilen der Arktis tröpfeln die Jäger Schmelz- oder Flußwasser ins Maul der erlegten Robbe, um ihren Geisterdurst zu stillen. Dasselbe macht man bei frischgetöteten Walen.

Viele Inuit sind der Ansicht, daß Tiere, die nicht bejagt werden, zahlenmäßig zurückgehen würden. Die Menschen haben daher die doppelte Verpflichtung, dem Tier, das bereit ist zu sterben, Respekt zu zollen, andere Tiere hingegen zu jagen, um den gedeihlichen Fortbestand ihrer Art zu gewährleisten. Auf diese Weise bringen jägerische Gesellschaften das spannungsgeladene Verhältnis, das sich zwischen dem Respekt vor und dem Erlegen von Tieren aufbaut, zum Ausdruck, während sie zugleich nach einer Lösung aus diesem Dilemma suchen. Achtung vor den Tieren ist für sie ein systematischer Umgang mit dem Leben in der Natur, zu dem auch das Einbringen der Jagderträge gehört.

Als die Europäer in die Neue Welt kamen und ihren großen Reichtum an wertvollen Tieren entdeckten, gingen sie mit einer Gier ans Abschlachten, die durch die Nachfrage nach kostbaren Pelzen, Öl, Fischbein und Elfenbein noch angeheizt wurde. Die Jägervölker des Nordens wurden in diese Handelsgeschäfte hineingezogen und reagierten auf den äußeren Anreiz, indem sie ihre Jagderträge steigerten. Mit den richtigen Mitteln – vor allem Jagdgewehren und stählernen Fallen – waren einige Arten fortan relativ einfach zu erlegen. Ein Robbenjäger, der mit einer Harpune am Atemloch auf das Auftauchen des Tieres wartet, ist ebenso wirkungsvoll wie ein mit einem Gewehr bewaffneter Mann. Hingegen können Karibu- und Eisbärenjäger, deren bisherige Tötungsmethoden vom Jäger verlangten, sich der Beute bis auf kürzeste Distanz zu nähern, Gewehre mit tödlicher Effizienz einsetzen. Und selbst dann, wenn es in letzter Konsequenz weniger auf die Ausrüstung als auf das jägerische Geschick ankam, bedeuteten europäische Transportmetho-den, daß in kurzer Zeit Dutzende von Fallen aufgestellt und überprüft werden konnten und zahlreiche Kadaver rasch und unkompliziert ihren Weg ins Lager, in die Vorratshöhle oder zum Händler fanden.

Im Gebiet der James Bay führte im späten 19. und frühen 20. Jahr-

Welche Form von Nahrung ich mir auch wünschte, wenn ich Karibu wollte, ging ich hinauf in die Berge; wenn ich einen Fuchs wollte, ging ich hinauf in die Berge; im Delta erhalte ich Nerz und Bisamratte; aber aus mir wird nie ein großer Fallensteller. Ich fange gerade so viel, wie ich im kommenden Jahr brauche. Im nächsten Jahr werden die Tiere auf jeden Fall wieder da sein, darauf kann ich mich verlassen. Und zwar überall dort, wo ich schon war.
Bertram Pokiak
Tuktoyaktuk

Der Weiße Mann wird kommen und das Land überfluten. Das nennt man den Indianern beibringen, wie man Land überflutet und Staudämme baut. Aber die Indianer können dem Weißen Mann etwas über die Natur beibringen. Wir haben mit und in der Natur gelebt. Wir wurden mit ihr geboren, wir müssen Sorge für sie tragen, nicht sie zerstören. Sie ist wie unsere Mutter. Wenn wir nicht all die Biber töten, die wir töten könnten, so ist das für uns, als zahlten wir etwas auf der Bank ein. Wir lassen die Biber in Ruhe, damit sie sich vermehren können.
William Matoush
Mistassini

Wenn sie ihre Fallen aufstellen, dann haben die Indianer ihre eigene Welt. Man lebt als Fallensteller in einer ganz und gar spirituellen Welt.
Willie Awashish
Mistassini

hundert die intensiv betriebene Fallenstellerei für den Pelzhandel zu einem solch bedenklichen Rückgang des Biberbestandes, daß in einem weiten Gebiet unmittelbar mit dem vollständigen Verschwinden des Tieres zu rechnen war. Dies wurde durch ein außergewöhnliches Programm zum Schutz des Bibers verhindert, über das sich Fallensteller, Offizielle der Hudson's Bay Company und die Provinzregierung verständigten: So erreichten die Biber wieder ihre früheren Zahlen.

Überall in der arktischen und subarktischen Region nimmt der Verkauf von Pelzen an Abnehmer aus dem Süden, glaubt man der einheimischen Bevölkerung, einen entscheidenden Platz in der Tradition des Nordens ein. Das Auf und Ab der Polarfuchsbestände zu überblicken, die jahreszeitlichen Wanderwege von Luchs und Marder vorauszuahnen, die Fährten von Fischotter und Nerz zu erkennen, zu wissen, wie Biber in den verschiedenen Jahreszeiten zu fangen sind, Felle abziehen zu können und in der Lage zu sein, erstklassige elegante Pelze zu präparieren und zu wissen, wie man mit den weißen Pelzhändlern ins Geschäft kommt – solche und ähnliche Kenntnisse und Fertigkeiten machen aus Jägern erfolgreiche Fallensteller. Seitdem sich die Biberbestände wieder erholt haben, ist es im kanadischen Norden zu keiner ähnlichen schwerwiegenden Bedrohung irgendeiner Tierart durch indianische oder Inuit-Jäger- und -Trapper mehr gekommen.

Gelegentlich hat man den Inuit, Dene und Innu die Schuld für den Rückgang der Karibuherden gegeben. Inuit wurden auch bezichtigt, zu viele Eisbären geschossen zu haben. Aber in jedem einzelnen Fall, bei dem die Ursache festgestellt werden konnte, erwies sich der Rückgang einer Tierpopulation entweder als zeitlich wiederkehrendes, natürliches Phänomen oder als Auswirkung europäischer bzw. kanadischer Aktivitäten. Da überall im Norden die Jäger seit einigen Generationen am Pelzhandel beteiligt sind und Gewehre benutzen, gibt es sehr wenig Grund zu der Annahme, daß moderne Jagdtechniken die Befähigung der Menschen zunichte gemacht hätten, den Stress, dem die Tierwelt durch die Bejagung ausgesetzt ist, möglichst gering zu halten. Daß fast überall Hundeschlittengespanne durch Schneemobile ersetzt wurden, hat den täglichen Fleischbedarf einer Jägerfamilie herabgesetzt. Seit den dreißiger Jahren sind auch die Fellieferungen für den Pelzhandel zurückgegangen.

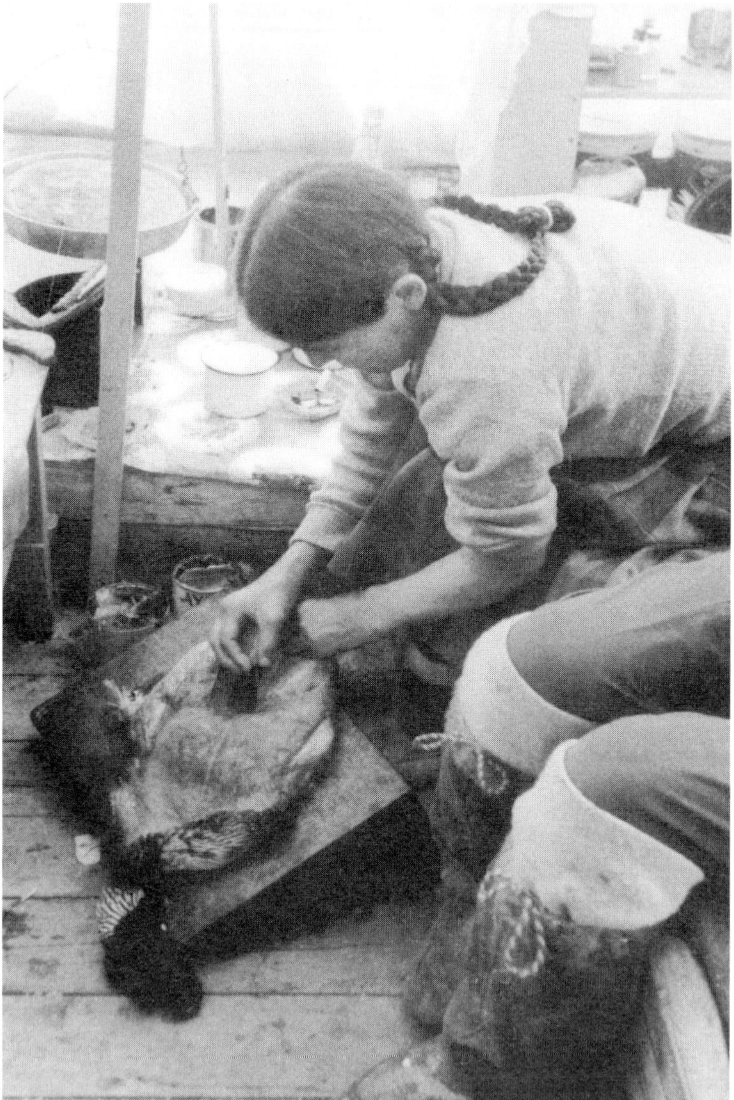

Seit Anfang der siebziger Jahre regelt ein von der kanadischen Bundesregierung erlassenes Quotensystem den Abschuß von Eisbären durch Inuit-Jäger. Jedes Dorf erhält eine bestimmte Anzahl von „Marken", deren jede einen Bären wert ist. Sobald alle Abschußmarken aufgebraucht sind, riskieren Jäger, die dennoch einen Bären schießen, Strafverfolgung. Ein ähnliches Quotensystem wurde versuchsweise für den Narwal eingeführt, jenen einhornähnlichen Delphin, der jedes Frühjahr im nordöstlichen Teil des Polargebietes erscheint und dessen dicke Haut eine Delikatesse darstellt, während das Elfenbein des Horns eine wertvolle Handelsware ist.

Die Inuit reagierten unterschiedlich auf diese Quotensysteme. Viele der Älteren sind der Ansicht, daß alle Maßnahmen, die die Jagd auf Tiere auf der einen, den Tierschutz auf der anderen Seite regeln sollen, besser ihrem eigenen Urteil überlassen blieben und daß Beschränkungen, vor allem wenn sie von unerfahrenen oder verständnislosen Leuten aus dem Süden erlassen würden, für die Bären- und Narwalbestände eher schädlich als nützlich wären. Tiere brauchen die Bejagung. Andere stimmen zu, daß gefährdete Arten durch eine Beschränkung der Jagd geschützt werden müssen, mögen es aber nicht, wenn solche Vorschläge von Außenstehenden kommen und durchgesetzt werden. Nichtsdestoweniger scheint durch die feste Abschußrate für Eisbären die erwünschte Wirkung zumindest teilweise erreicht worden zu sein: die Bärenpopulationen der zentralen und östlichen Arktis scheinen erstarkt und im Wachsen begriffen zu sein.

Die Jäger des Nordens und die Naturschützer aus dem Süden sind sich darüber einig, daß Tiere geschützt werden müssen. Die Vorstellungen, wie dieser Schutz beschaffen sein soll, können durchaus widersprüchlich sein. Dahinter stehen bekanntlich unterschiedliche Wissenstheorien. Wenn Neuankömmlinge behaupten, die Dynamik der Tierpopulationen auf Anhieb zu verstehen, so erweckt das leicht einen Eindruck, der zwischen naiver Vermessenheit und imperialistischer Arroganz angesiedelt ist.

Biologen wiederum weisen darauf hin, daß Natur- und Umweltschutz längst von internationalem Belang sind. Die Glaubenssysteme der nördlichen Jäger, ihre Vorstellungen von Jagderträgen und Hegemaßnahmen, tragen womöglich dem Zyklus einer bestimmten Art nur teilweise

HARVEY NICHOLS & Co. Ltd.

Rechnung. Zum Beispiel werden die Gänse, die, unterwegs zu ihren nördlichen Nistplätzen, von den Cree und Inuit gejagt werden, auch von weißen Sportjägern abgeschossen oder erleiden Verluste, wenn man sie aus ihren winterlichen Wohngebieten im Mississippi-Tal vertreibt. Einige Karibu-Populationen dringen weit in die borealen Waldgebiete ein, wo sie dem Druck weißer Siedler ausgesetzt sind. Es sind Gründe dieser Art, die Umweltschützer manchmal das Argument vorbringen lassen, die nördlichen Jäger müßten sich an den überregionalen und internationalen Abkommen über langfristige Schutzmöglichkeiten für bestimmte Arten beteiligen.

Zumindest ist beiden Standpunkten der Glaube an die Bedeutung des Tierlebens als Teil der Natur und als wirtschaftlicher Ressource für die Völker des Nordens gemein. Es ist durchaus vorstellbar, daß sich arktische Jäger und weiße Biologen zusammensetzen, sich über Probleme der Fauna und Flora verständigen und Möglichkeiten der Verbesserung entdecken. Und es gibt im Prinzip keinen Grund, warum internationale Abkommen nicht die Klausel enthalten sollten, wonach eines ihrer Ziele – vielleicht das allerwichtigste – darin bestehen müsse zu gewährleisten, daß Jäger und Fallensteller auch weiterhin Tiere in einer Anzahl und mit Methoden jagen dürfen, die sie für nötig halten.

Ein gewisser Optimismus wäre daher angebracht, gäbe es nicht noch eine weitere Spielwiese für Eindringlinge aus dem Süden, die zu wissen vorgeben, was für Tiere am besten sei: Personen, die für die Rechte der Tiere eintreten.

Seit Mitte des 19. Jahrhunderts gehört es zu einer humanitären Gesinnung, unnötigen Grausamkeiten Tieren gegenüber Einhalt zu gebieten. Im Mittelpunkt stand die Behandlung von Haus- und Schoßtieren und von Nutztieren in der Landwirtschaft: Frühe Verfechter von Tierrechten hielten die Jagd auf Wald- und Rebhühner, Fasane oder anderes Wildgeflügel, aber auch die als Sport betriebene Fuchsjagd für notwendig und richtig. Die ursprüngliche Unterscheidung zwischen domestizierten und wilden Kreaturen fängt seit einiger Zeit an sich zu verwischen. Eine Kampagne gegen blutige Sportarten (das Töten von Tieren zum Vergnügen) verlagerte die Debatte weg von den Haus- und Nutztieren hin zu den Wildtieren. Aber selbst dann noch ging es um die Frage, wie wir unser eigenes Haus in Ordnung bringen; Jäger und Fallensteller, die

vom Jagen und Fallenstellen lebten und die in jedem Fall einer Gerichtsbarkeit unterlagen, die von der unseren sehr weit entfernt war, spielten dabei keine entscheidende Rolle. Dann, in den 70er und 80er Jahren, begannen neue Organisationen mit einem breitgefächerten, internationalen Ansatz gegen die Waljagd und das Abschießen der Sattelrobben vor der Küste Neufundlands vorzugehen. Daraus wurde schon bald eine allgemeine Kampagne gegen die Seehundjagd und das Fallenstellen.

Die Auswirkungen der modernen Kampagne für Tierrechte auf die nördlichen Jägervölker ist dramatisch und weitgehend außer Kontrolle. Brigitte Bardot und die großen Augen des Sattelrobbenbabys richteten einen machtvollen Appell an die Gefühle der Welt. Aber meistenteils wußte die Welt nur wenig über den Unterschied zwischen Sattel- und Ringelrobben, Grönlandwalen und Belugas. Die Preise für Robbenfelle fielen, und es wurde Druck auf die Internationale Walfang-Kommission ausgeübt, um ein generelles Verbot der Jagd auf Wal- und Delphinarten durchzusetzen. Immerhin erfuhren die Probleme indigener Subsistenzjäger besondere Aufmerksamkeit. Die Preise für Ringelrobbenfelle fielen pro Fell von etwa 30 US-Dollar auf bloße $ 2 oder $ 3. Die wirtschaftliche Grundlage der von der Jagd lebenden Familien, ja ganzer Gemeinschaften in der östlichen Arktis, brach zusammen. Von ihrer gerechten Sache moralisch überzeugt, haben Tierrechtsaktivisten lange gebraucht, um einzusehen, daß ihre Kampagnen nur ein weiteres Beispiel imperialistischer Einmischung aus dem Süden darstellten.

Aufgrund einer früheren Einmischung waren nördliche Jägervölker gezwungen worden, sich am Pelzhandel zu beteiligen. Es brauchte den ganzen Rückhalt und alle Weisheit europäischer Ökonomen, um im hohen Norden den Berufsstand des professionellen Trappers* zu schaffen, der europäischen Zwecken genügen mochte. Mit einigen Schwierigkeiten paßten die Jäger ihre sozio-ökonomischen Systeme den neuen Bedingungen an und entwickelten in typisch flexibler Manier eine modernisierte Version ihrer traditionellen Lebensweise. Die Neuankömmlinge hatten Erfolg: Die nördlichen Jägervölker sind inzwischen davon abhängig, daß sie Pelze und andere erneuerbare Produkte an Märkte im Süden

* Anm.d.Übs: Der Ausdruck „Trapper“ bezeichnet einen Fallensteller, der für externe Pelzhändler arbeitet.

verkaufen. Verglichen mit anderen modernen Möglichkeiten hat sich diese neue Tradition insofern bewährt, als der Respekt vor den Tieren, die Sorge um die Umwelt und die Liebe zum Land gewährleisteten, daß selbst auf dem Höhepunkt des Pelzhandels keine einzige Tierart ausgerottet wurde. Die Karibubestände sind niemals größer gewesen. Die Ringelrobbe scheint überall im Norden zu gedeihen. Die Elchpopulation ist gewachsen und hat sich zum ersten Mal in subarktische Gebiete zwischen den Rocky Mountains und der Pazifikküste ausgebreitet. Die Biber sind in der ganzen Subarktis überaus zahlreich – selbst in der James-Bay-Region, wo sie einst gefährdet schienen. Luchs, Marder, Fuchs, Nerz und Vielfraß erlebten zu keiner Zeit eine weitere Verbreitung. Die Jäger des Nordens sagen, der beste Weg, die Tiere und das Land zu schützen, von dem sie abhängig sind, sei einfach zu erkennen: überlaßt es ihnen.

KAPITEL 6

Mobilität

Seht euch das Land an: es scheint überall gleich zu sein, aber Teile davon sind rauh, mit nichts als Felsen ringsum ... Aber wenn es hier Moose gibt, dann können die Karibus in den warmen Jahreszeiten selbst auf felsigem Land bleiben. Auf solchem Land haben wir gesiedelt. Wir blieben nicht einfach an einem Ort, in der Erwartung, das Wild würde schon wieder dorthin zurückkommen ...
Evalak
Hall Beach

Wir bleiben nicht einfach an einem Ort. Wir, die Inuit, ziehen umher und wir gehen nicht einfach nach Hause in ein einziges Schneehaus. Wir, die Inuit, versuchen zu überleben. Wir, die Inuit, bleiben nicht einfach an einem Ort, weder im Sommer noch im Winter.
Inukshuk
Baker Lake

Jäger sind immer bereit aufzubrechen. Dies ist eine Sache der Ökonomie. Es ist auch ein kultureller Zug, eine Haltung dem Leben gegenüber, eine Art und Weise, gleichermaßen mit den psychologischen und spirituellen wie mit den materiellen Anforderungen der Existenz umzugehen. Im Mittelpunkt des Lebens im Norden finden sich Flexibilität und Mobilität.

Im Norden hat jede Kultur ihren Jahreszeitenzyklus, mit entsprechenden Bewegungen von Lagerplatz zu Lagerplatz, Jagdgebiet zu Jagdgebiet. Diese Bewegungen ergeben übers Jahr ein Muster. Jäger richten sich nach Wetterumstürzen, Schnee- und Eisbedingungen und den Bewegungen der Tiere. Bei dieser alljährlichen Runde halten sich die Familien der Jäger an wohlbekannte Routen. Sie lassen sich immer wieder an Plätzen nieder, die für ihr Volk seit Generationen von Bedeutung sind. Der saisonal geprägte Kreislauf folgt kulturgeschichtlichen Spuren und speist sich aus Archiven der Erfahrung und des Wissens. Der Jäger selbst muß sich einerseits über Gewohnheiten hinwegsetzen, andererseits diese beachten: keine zwei Jagdzeiten sind sich gleich, und die Wanderwege der Tiere sind nie völlig vorhersehbar. Auch auf ausgetretenen Pfaden müssen die Jäger neue Möglichkeiten beim Schopf packen und Geschwindigkeit und Richtung ihrer Bewegungen dementsprechend anpassen, um die Tiere, von denen aller Leben abhängt, zu verfolgen und aufzuspüren. An jedem Punkt entlang der Jahresrunde müssen die Individuen eine große Menge von Informationen bewerten und verarbeiten. Die Mobilität – als Gewohnheit und Muster – bereitet die Szene; was auf der Szene geschieht, unterliegt ständiger Veränderung.

Die Cree im nördlichen Quebec ziehen jeden Herbst ins Landesinnere, um den Winter südlich der Baumgrenze zu verbringen. Kleine Familiengruppen schlagen ihr Lager gemeinsam auf, oft mehrere Tagesmärsche von ihren nächsten Nachbarn entfernt. Diese Jagdgruppen sind über riesige Territorien verstreut, wo das alltägliche Leben nur zwei Formen des Beutemachens kennt: die Verfolgung großer Huftiere – wie des Elchs –, deren Spur über viele Meilen Waldes nicht aus den Augen ver-

loren werden darf; und die Jagd auf kleinere Tiere – Hasen, Waldhühner und Forellen –, die eine verläßlichere, wenn auch weniger nahrhafte Nahrungsquelle darstellen. Diese Trennung zwischen Großwild und kleineren Beutetieren ist von immenser Bedeutung. Überwiegend werden große Huftiere, die wegen ihres Fettes ebenso wichtig sind wie wegen ihres Proteins, von Männern aufgespürt, verfolgt und zur Strecke gebracht. Übers Jahr gerechnet erreicht die Zahl der von ihnen erlegten Tiere vielleicht die notwendige Menge an Fleisch und Fett. Aber eine regelmäßige Versorgung ist keineswegs gewährleistet, und oft folgen auf eine üppige Beute lauter Fehlschläge. Sich ausschließlich auf die Großtiere zu verlassen, hieße unweigerlich Gefahr laufen, hungern zu müssen. Fakt ist, daß die ständige Versorgung mit Nahrung – Kleinsäugern, Vögeln und Fischen – durch Frauen und Männer geschieht, bei letzteren an Tagen, an denen sie entweder beschlossen haben, nicht auf die Jagd zu gehen, oder keine größeren Tiere aufgespürt haben. Der Jagd der Männer wird jede mögliche Bedeutung zugemessen. In Wirklichkeit jedoch ist es häufig die von den Frauen gemachte Beute – gerade weil sie problem- und gefahrloser einzubringen ist –, auf die die Familien tatsächlich angewiesen sind. Zugleich garantieren die Frauen, daß die Männer es sich leisten können, mehrere Tage lang nur Jagd auf Elche, Hirsche oder Bären zu machen, ohne ihre Familien zu gefährden. Mobilität im Winter verringert das Risiko, aber ohne das Sicherheitsnetz der Kleintierarten würde die Jagd im Winter echte Gefahren mit sich bringen.

Im winterlichen Wald haben die Menschen den Vorteil, vor dem Polarwind geschützt zu sein, sie haben Holz zum Feuermachen, und die Biber und Fische unter dem Eis sind ihrem Zugriff ausgesetzt. Um zu entscheiden, wann und wohin als nächstes aufzubrechen sei, berücksichtigen die Jäger vergangene wie gegenwärtige Verhältnisse und reden über die Wahrscheinlihkeit, daß an einem bestimmten Platz alles zu finden sein werde, was Menschen zum Leben brauchen.

Auch die Bevölkerung Labradors und Nord-Quebecs zieht alljährlich im Herbst landeinwärts, um nach Süden wandernde Karibuherden abzufangen und danach den Winter in Reichweite der Gebiete zu verbringen, in denen die Karibus überwintern. Auch hier bewegen sich kleine Gruppen über ein großes Territorium, Gruppen, die sich an ihren

Lagerplätzen und bei ihren Jagdmethoden in vielen kleinen Dingen anpassen müssen, wenn sie eine zuverlässige Versorgung mit Fleisch und Fisch gewährleisten wollen. In ähnlicher Weise verteilen sich auch die Athapasken-Gruppen der westlichen Subarktis und Arktis auf die Herbst-, Winter- und Frühjahrsjagdgründe im borealen Wald, wo sie auf Fischfang gehen und Jagd auf Elche, Hirsche und, als verläßliche Nahrungsquelle, verschiedene Arten von Niedrigwild machen. Spätsommer und Frühherbst sind auch die Jahreszeiten, in denen Forellen und Weißfische getrocknet und geräuchert werden. Das bedeutet, daß die Familien ihr Lager an den besten Fischplätzen aufschlagen, und zwar solange, bis die Fangerträge ausreichend erscheinen. Große Mengen Fisch werden als Wintervorräte angelegt. Und dies heißt erneut nichts anderes, als daß sich Menschen über weite Gebiete ihrer Territorien verstreuen.

Die Wanderbewegungen der Inuit verlaufen nach umgekehrtem Muster. Im Frühjahr oder Frühsommer teilen sich die Familien in kleine Gruppen auf und wählen ihre Lagerplätze, von denen aus große Gebiete durchstreift werden. Dort jagen sie Seehunde, die sich auf dem Eis sonnen, oder warten, bis sie an ihren Atemlöchern auftauchen. Später dann brechen die Familien ins Inland auf, zu den fischreichen Seen und zur Karibujagd. Diese Wanderung zu den Jagdgründen im Binnenland setzt sich den ganzen Sommer hindurch fort, und erst zu Beginn des Winters kommen die Familiengruppen wieder mit ihresgleichen in Kontakt, bevor sie alle gemeinsam ans zugefrorene Meer und zur Robbenjagd zurückkehren.

Eine kanadische Inuit-Gruppe, die sogenannten Karibu-Eskimo der Barren Grounds westlich der Hudson Bay, leben das ganze Jahr über im Inland. Ihr jährlicher Wanderzyklus orientiert sich an den verschiedenen Wanderwegen und Weidegründen der Karibus. Die große Zahl der Seen und die relative Nähe der Baumgrenze lassen dem Fischfang und dem Holzsammeln besondere Bedeutung zukommen. Im großen und ganzen aber ähnelt die Jahresrunde der Karibu-Inuit durchaus der der Küsten-Inuit. Sie zerstreuen sich vom Frühjahr bis zum Herbst und schließen sich im Winter zu größeren Gruppen zusammen.

Jäger treffen alljährlich tausende von kritischen Entscheidungen. Diese Form der Informationsverarbeitung führt in den Bereich des Spirituel-

len und der Metaphorik, wo angesammeltes Wissen, Intuition und die flüchtigste aller Verbindungen mit der natürlichen Welt Wahlmöglichkeiten schaffen können – auf einer Grundlage, die schneller und sicherer funktioniert als die beschränkte Rationalität. Auf diese Weise kommen die Entscheidungen der Jäger den Gewißheiten von Künstlern nahe. Indem sie sich der Reduzierung auf ein begrenztes Set an Variablen verweigert, wirkt sich die ganze Fülle der Kultur und des gemeinsamen Empfindens auf die alltäglichen Aktivitäten aus. Das mobile und flexible Verhalten der Jäger ist von diesem Gemüts- und Geisteszustand, dieser Form des Treffens von Entscheidungen nicht zu trennen. Handlungen können nicht lange im voraus geplant werden, da sich zu viele der wichtigen Variablen ständig ändern. Zwischen der Entscheidung zu handeln und dem Handeln selbst kann es kein langes Zögern geben. Aus dem gleichen Grund kann es nur wenige simple Kontinui-täten und eine rudimentär ausgeprägte formale Organisation geben: Jäger müssen auf eine sich ständig ändernde Umwelt mit rascher Bereitschaft reagieren. Jede einzelne Person, jede kleine Gruppe plant und ändert ihre Pläne mit einer Spontaneität, die so geschwind wie gewitzt ist. Es ist kein Platz für Ausschüsse, Organisatoren oder institutionelle Förmlichkeit.

Wie wichtig es war, jederzeit aufbrechen zu können, um eine erfolgreiche Jagd zu garantieren, kann kaum übertrieben werden. Bei einigen nördlichen Athapasken-Gruppen spüren die Jäger, gefolgt von den eigenen Familien, dem Elch nach, und sobald die Beute erlegt ist, bleiben die Jäger an Ort und Stelle, schlachten das Tier und bereiten das Fleisch zu, während sie auf die nachkommenden Familienangehörigen warten, die unweit der Stelle, an der der Elch getötet wurde, ihr Lager errichten. Schon bald ziehen die Jäger weiter, und die Suche nach Beute beginnt aufs neue. Sie bleiben selten länger als drei bis vier Tage an einem Ort. Entsprechend verlegen auch die Jäger in der öden Tundra ihr Lager, wenn die größeren Karibuherden vorübergezogen sind und sich herausstellt, daß die Tiere zu weit weg sind, um problemlos gestellt zu werden. Die Inuit der arktischen Küste verbringen den langen Frühling, von April bis Juni, indem sie von Lagerstelle zu Lagerstelle ziehen, vom Eisfischen an einem Binnensee zur Seehundjagd an der Küste, von den Brutstätten der Zugvögel zum Saiblingstechen bei der Rückkehr ans

Meer. Manchmal finden diese Wanderungen ungewöhnlich häufig statt. An einem Tag schlagen die Jäger ihr Lager auf, am nächsten stellen sie fest, daß sie sich die falsche Stelle zum Bleiben ausgesucht haben und ziehen weiter.

Dieses nahezu ununterbrochene In-Bewegung-Sein wird leicht mißverstanden. Menschen, die aus seßhaften Kulturen kommen, in denen man seinen Urlaub sechs Monate im voraus bucht und für einen Umzug einen Möbelwagen braucht, wo man glaubt, daß ein ständiger Wohnsitz und die Bindung an Grundbesitz eine echte Möglichkeit menschlichen Wohlbefindens schaffen, muß die Bewegung von einem Ort zum andern als enorme Belastung erscheinen, die den Jägern aufgrund ihrer Armut und mangelnden Vorsorge auferlegt ist. Weit entfernt von der Monotonie der Hauptgeschäftszeit, erweckt das komplizierte Muster ihres jährlichen Wanderzyklus den Anschein reiner Zufälligkeit, die jägerische Ökonomie erscheint als unzulänglich und unsicher. Dementsprechend haben frühe amerikanische Siedler, aber auch Richter, die in indianischen Rechtsangelegenheiten zu befinden hatten, die nördlichen Jäger als nicht besser als die Tiere des Feldes beurteilt, die hilflos der Natur ausgeliefert durch die Gegend irrten. Selbst Anthropologen ist zu Zeiten eine Fehleinschätzung jägerischen Wirtschaftens als zielloses und prekäres Dasein unterlaufen, in dem allein das Gesetz des Stärkeren und Rücksichtsloseren gelten würde.

Aber die Wanderungen nördlicher Jäger sind weder dem Zufall anheimgestellt noch beschwerlich. Sie folgen einem auf langer Erfahrung beruhendem Schema, bewegen sich in einem auf das genaueste vertrauten Gelände und bedienen sich erfolgreich einer Technik, deren Feinabstimmung eines jahrtausendelangen Prozesses bedurfte. Sie stellen die Summe aller Erfahrung dar und sind ein erprobtes System der Ressourcenverwertung im hohen Norden. Daheim ist man überall in diesem Gebiet. Vielleicht verbringt man die meiste Zeit des Jahres am saisonalen Sammelplatz, aber das Netzwerk aus Lagerplätzen, Wegen und Reiserouten – jenes Territorium, von dem die jägerische Kultur und Wirtschaft abhängig sind – bildet eine Art totaler Heimat. Bemerkenswerterweise fragen viele Dunne-za, wenn sie Englisch sprechen, „Where are you staying?“ (Wo verweilst du?), in Zusammenhängen, in denen Europäer und Nordamerikaner „Wo lebst du?“ fragen würden. Im Inuktitut

fragt man „Naninunaqarpit?“ (Wo hast du Land?) oder man spricht von der miut-Gruppe, der der andere angehören könnte. Das Inuit-System der Jagdgebietsaufteilung weist jeder miut-Gruppe eine Reihe von saisonalen Lagerplätzen zu, die die Grundlage ihrer Jahreswanderung bilden. Vom Standpunkt der Jäger aus besteht irrationales wirtschaftliches Verhalten in der übermäßigen Bindung an einen bestimmten Ort oder in zu starren und rationalistischen Formen des Beschlußfassens.

Diese Mobilität ist für das Fallenstellen ebenso wichtig wie für die Jagd. Schon lange bevor die Europäer Stahlfallen und Drahtschlingen einführten, hatten die Bewohner des Nordens auch für die von kleinen Tieren stammenden Felle Verwendung. Kleidungsstücke wurden mit dem Pelz von Füchsen, Luchsen und Vielfraßen verziert und gesäumt, und aus Hasenfellen stellte man Decken her. Schamanen bewahrten in ihren Medizinbündeln Nerz- und Marderfelle auf. Die Jäger erlegten diese Edelpelztiere nur in geringer Zahl mit Hilfe von Stein- und Prügelfallen oder Schlingen aus Karibu- und Elchhaut. Andere Kleintiere wie Biber und Hase spielten für die Ernährung eine gewichtige Rolle. Die meisten Arten waren weit verbreitet, in ihren Gewohnheiten vorhersehbar und demnach leicht zu fangen; die Entscheidungen eines einzelnen Jägers oder die jahreszeitliche Wanderroute einer Jagdgruppe hätten sie jedenfalls nicht beeinflußt. In neuerer Zeit brachte die wirtschaftliche Abhängigkeit von der Pelztierjagd allerdings zahlreiche Anpassungen im jährlichen Wanderzyklus mit sich, wenngleich das grundlegende Muster weitgehend unverändert geblieben ist. Die winterliche Zerstreuung der Cree, Naskapi, Innu und Dene bedeutet oft den Aufbruch in jene Gebiete, in denen Edelpelztiere zu finden sind und die Fallensteller ihre Hütten errichtet haben. Einmal dort angelangt jedoch machen die einzelnen Gruppen Jagd auf die Fleisch- und Fettlieferanten unter den Tieren.

Aber keine menschliche Bevölkerung kann überleben, wenn sie in kleine isolierte Gruppen zersplittert bleibt. Zum jährlichen Wanderzyklus aller nördlichen Jägervölker gehört auch die Zusammenkunft in verhältnismäßig großen Dörfern. Die Sammelplätze der Inuit befinden sich wintersüber am zugefrorenen Meer oder in Meeresnähe. Die subarktischen Jäger kommen entweder an der Küste oder am Ufer eines großen Flusses oder Sees zusammen, oder in Gegenden mit natürlichen

In Saglek werden wir Seehunde mit Netzen fangen, wir werden sie dort und in Nachvak jagen. Während wir in Hebron waren, angelten wir Forellen und Kabeljau geradewegs hinauf bis nach Napatok. Weiter nördlich gehen wir auf die Jagd nach Karibus oder wir ziehen südwärts in Richtung Nain. Die meisten Seen dienen uns als Reiserouten. Menschen aus George River und Hebron trafen sich in dem Gebiet, wenn sie jagen waren.
Tom Okkuaksiak
Nain

Wann immer ein Mann jagt, jagt er nicht nur für sich allein, also muß ihm das Land, auf dem er jagt, zur Seite stehen. Das Wild blieb zu keiner Zeit nur in einer Region. Jahrelang halten sich die Menschen in einem Teil des Landes auf, dann wieder sind sie in einem anderen Teil zu finden. Die Menschen im Norden nutzten ihr Land auch früher schon, daher wissen sie heute, was sie damit machen sollen.
Evalak
Hall Beach

bzw. abgesengten Wiesen.* Offenes Gelände bietet zahlreichen und verschiedenartigen Beerenpflanzen einen geeigneten Standort; diese wiederum locken Bären an, deren Fett mit den Beeren oder getrocknetem Fleisch vermengt werden kann, das gleichfalls in den Sommerlagern zubereitet oder dorthin geschafft wird. Ein Dorf an der Küste oder am Seeufer und ein Lager im Wiesengrund sind einigermaßen frei vom Fluch des arktischen Sommers: hier können die Menschen den Schwärmen stechender Insekten entkommen.

Das Sammellager bietet Gelegenheiten zum Austausch. Überschüssiges kann mit anderen geteilt werden. Verbindungen werden geknüpft und Heiraten arrangiert. Und Wissen über die Tiere und das Land kann zusammengelegt und allen zugänglich gemacht werden. Gesänge und Tänze, desgleichen Geschichten und Erzählungen von gruppenspezifischen historischen Ereignissen gewährleisten die Fortsetzung und Verbreitung von Wissen. So werden Brücken errichtet von der Gegenwart in die Vergangenheit und zwischen der natürlichen und der spirituellen Welt. Beide Formen des Sammelns – wie sie im Sommer von den Dene, Cree und Innu und im Winter von den Inuit betrieben werden – finden in einer Jahreszeit relativer Muße statt. Die Menschen haben Zeit und Gelegenheit, ihre Gesellschaft zu erneuern und zu revitalisieren.

Das Gegenstück zur Mobilität der Jäger finden wir in der Zurückweisung des Materialismus und in der Anwendung leichter, transportabler und anpassungsfähiger Jagdgeräte. Der einfachste Ort für das Befördern von Technologien ist der Verstand. Der Jäger, der weiß, daß er am Schauplatz der Jagd die nötigen Materialien zur Herstellung einer Schlinge oder Schlagfalle finden wird, braucht nicht mehr als ein Messer oder eine Axt bei sich zu tragen. Die Harpune, mit der die Inuit auf dem Eis Robben jagen, wiegt nur ein paar Pfund. Pfeil und Bogen wiegen

* Vor allem im Frühling entzünden viele subarktische Gruppen Feuer, um zu verbrennen, was sich in den Wäldern an Reisig, totem Holz und anderen Abfällen angesammelt hat, und um das Wachstum der Beerensträucher und Schößlinge für die Huftiere anzuregen. Solche Brände stellten zudem sicher, daß die Wiesen nicht zuwuchsen. So gesehen ist der scheinbar natürliche, lichte Charakter der Wälder und der Wechsel von Wald- und Wiesenland Teil der von den indianischen Völkern angewandten Maßnahmen zur Umweltgestaltung. Ironischerweise haben sich eingewanderte europäische Bauern gerade auf solch offenem Gelände niedergelassen, von dessen „natürlicher" Schönheit sie entzückt waren.

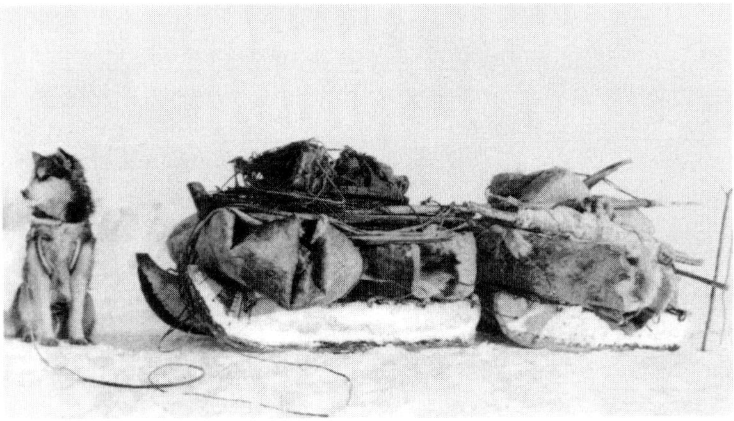

nicht mehr. Selbst ein Gewehr kann, um die Schulter geschlungen, getragen werden. Mit diesen wenigen Stücken Jagdausrüstung – hinzukommen ein Schneemesser für den Bau von Schneehäusern, Nadel und Faden, drei oder vier Karibufelle als Bettzeug und ein Kochtopf – hat eine Inuit-Familie alles, was sie braucht, um eine mehr oder weniger unbegrenzte Zeit lang zu leben. Subarktische Jäger, besonders jene, die sich lieber auf Schneeschuhen als mit Hundegespannen fortbewegen, können sich sogar auf noch weniger verlassen. Erfahrung im Umgang mit Feuer bedeutet, daß Kleidung und Unterkunft sehr leicht sein können. Dieses Minimum an Ausrüstung, das Fehlen beschwerlicher Lasten, setzt voraus, daß jede Teilbewegung innerhalb der Jahresrunde von Erfolg gekrönt ist, verlangt also große Zuversicht. Nördliche Jäger müssen sich auf die Nahrungsmittelvorräte verlassen können, auf igunaaq vor allem und auf Verstecke, in denen arktische Beutetiere aufbewahrt werden. In der Subarktis sind es Räucherfisch und Trockenfleisch. Auch wird an einem Lagerplatz möglichst viel gegessen; den Überschuß tragen die Jäger also im eigenen Körper. Geistesgegenwart und die Befähigung, schnell aufzubrechen, sind der Schlüssel für das Leben im Norden. In dieser Gesellschaftsform stellt ein Höchstmaß an Mobilität eine Maximierung wirtschaftlicher Effizienz dar.

Das Ergebnis ist eine Wirtschaftsform, die für eine Gesellschaft, in der Kapitalakkumulation und Mehrwert als Maßstab sozialen und ökonomischen Erfolgs gelten, höchst ungewöhnlich und oft sehr verwirrend ist. Für Europäer und Nordamerikaner repräsentieren Besitztümer Sicherheit und Wohlstand. Für die Jäger des hohen Nordens repräsentieren Güteranhäufungen, einschließlich großer Lebensmittelbestände, mangelnde wirtschaftliche Leistung, ja sogar Unfähigkeit. Die beiden Sets von Kriterien zur Beurteilung wirtschaftlichen Wohlergehens stehen sich konträr gegenüber. Ein Großteil der Bestürzung und des Zorns, den Händler, Missionare und andere weiße Vertreter der „Zivilisation" gegenüber teilnahmslosen Eingeborenenvölkern verspürt haben, rührt von diesem fundamentalen ökonomischen Gegensatz her. Der Möchtegern-Wohltäter gibt seinen neuen Eingeborenenfreunden einen Haufen westlicher Produkte. Der hocherfreute Empfänger drückt seine große Dankbarkeit aus, untersucht die neuen Güter, spielt mit ihnen, als seien es Spielsachen; sobald er allerdings in ein neues Jagdrevier aufbricht, läßt

Daheim bin ich, wenn ich in den Wäldern bin.
Charlie Bosum
Mistassini

Wir sind nicht wie die Weißen, die umherwandern, immer auf der Suche nach Arbeit. Sie sind nicht wie wir ... die an einem einzigen Ort zu Hause sind. Sie, die Weißen, ziehen von einer Stadt zur nächsten, von einem Land zum nächsten, auf der Suche nach Jobs, um Geld zu verdienen.
Agnes Edgi
Fort Good Hope

er das meiste davon einfach liegen. Der Händler drängt die Leute, mehr Pelze herbeizuschaffen, und bietet den Fallenstellern als Anreiz höhere Preise, damit sie das Handelsvolumen erhöhen. Die Fallensteller begnügen sich mit weniger Pelzen: höhere Preise bedeutet für sie, daß sie weniger Fallen aufzustellen brauchen und dennoch neue Bedürfnisse (Mehl, Zucker, Tabak, Tee und Munition) stillen können. Es kommt zu grundlegenden Mißverständnissen, wenn Vertreter seßhafter, erwerbsorientierter Kulturen mobilen Jägerkulturen ihre Hilfe anbieten oder sie gar ändern wollen.

Die Mobilität der nördlichen Völker darf aber nicht bloß als eine Sache der Ökonomie gesehen werden. Diese Beziehung reicht an die elementaren Grundlagen des Lebens heran, was in den Glaubensvorstellungen und Metaphern, die das Leben definieren, zum Ausdruck kommt. In der Erzählung der Inuit von der Schaffung der Meeressäugetiere entdeckt ein Mann, daß seine Tochter, Sedna oder Arnaqapsaluk, sexuelle Beziehungen zu einem Hund unterhalten hatte. Die Tochter wird auf eine Insel verbannt. Sie sucht zu fliehen. Dabei versucht sie an Bord eines Bootes zu klettern, das ihr Vater rudert. Zornentbrannt schneidet er ihr die Finger ab, als sie über die Bordkante greift: die Fingerglieder fallen ins Meer und verwandeln sich in Seehunde, Walrosse und Wale. Sedna selbst sinkt auf den Grund hinab, wo sie zu jenem Geistwesen wird, das über die Bewegungen all jener Tiere wacht, die aus ihren Händen entstanden sind. An der Wasseroberfläche muß der Mann auf der Suche nach den Meeressäugern solange Ausschau halten, bis er sie an einem Ort und zu einem Zeitpunkt findet, an dem sie gemäß den Arrangements der Frau auf dem Meeresgrund an die Oberfläche steigen. Auf jede mögliche Kränkung oder Mißachtung empfindlich reagierend, verlangt Sedna unter dem Meer von den Inuit, daß sie ihre Geschöpfe nicht mit den Landtieren in Berührung bringen. Nicht nur müssen die Jäger in ständiger Bewegung sein, um die auftauchenden Seetiere zu finden, sie müssen auch große Distanz bewahren zwischen den beiden Grundelementen ihrer Existenz, den Tieren des Meeres und jenen aus dem Landesinneren.

Die Säugetiere wurden während einer Reise geschaffen; erlegt und erbeutet werden sie auf mehreren aufeinanderfolgenden Reisen. Sollte Sedna wegen der falschen Lebensweise der Jäger unglücklich sein, wird

sie depressiv. In ihrer Niedergeschlagenheit mag sie ihr Haar nicht kämmen. Ihr Haar wird stumpf, und die Meeressäuger verheddern sich in ihrer Lockenfülle und finden den Weg an die Oberfläche nicht mehr. Die Inuit beginnen zu hungern. Wenn die Jäger kein Jagdglück haben, müssen sie sich daher auf den Weg zu der Frau unter dem Meer machen und sie fragen, warum sie unglücklich ist, welche Regel verletzt worden sei. Somit sind die Jenseitsreisen der Schamanen notwendig, um sicherzustellen, daß die weltlichen Reisen der Jäger weiterhin von Erfolg gekrönt sind.

Eine Erzählung der Dunne-za erklärt, wie im Lauf der Zeit Jäger und Gejagte immer wieder die Plätze getauscht haben, und bietet damit eine symbolische Version davon, wie Individuen ihre Kräfte erlangen und nutzen sollen. Auch hier wiederum ist die höchste Leistung Mobilität.

Ein kleiner Junge lebt mit seinem Vater und seiner Stiefmutter zusammen. Die Stiefmutter nimmt die Hasen, die der Junge erbeutet hat, und plaziert sie zwischen ihren Beinen; im Todeskampf zerkratzen sie ihr die Oberschenkel nahe den Leisten. Als der Vater des Jungen diese Kratzer bemerkt und nach ihrer Herkunft fragt, behauptet die Stiefmutter, der Junge habe sie ihr beigebracht. Der wütende Vater bringt den Jungen auf eine Insel und setzt ihn dort aus, um ihn verhungern zu lassen. Auf der Insel weint sich der entsetzte Junge in den Schlaf. Während des Schlafs hat er eine Vision: Er findet einen Weg, um vorbeiziehende Enten und Gänse anzulocken und ist in der Lage, sie zu töten und ihr Fleisch zu trocknen. Dieses geträumte Wissen ermöglicht es ihm, ein Jahr lang zu überleben. Als der Vater des Jungen auf die Insel zurückkehrt, um nachzusehen, wie sein Sohn gestorben ist, entkommt der Junge im Kanu des Vaters, der an seiner Stelle auf der Insel zurückbleibt. Der Junge kehrt danach zu seiner Stiefmutter zurück und schießt Brandpfeile auf sie ab. Als sie sich ins Wasser flüchtet, wird sie von der Hitze der brennenden Pfeile bis auf die Knochen gekocht.

Dies alles ereignet sich zu einer Zeit, in der riesige Tiere Menschen als Nahrung jagen. Nun wird der Auftrag des Jungen offenkundig. Er erhält den Namen Schwan. Er wird Schwan, jener weiße Vogel, der alljährlich in seltsamer Schönheit im hohen Norden erscheint. Schwan reist auf den Wegen der Sonne und verwandelt monströse Tiere in Geschöpfe, die zur Jagdbeute werden, von der die Menschen leben können.

Die subarktischen Jäger wachsen heran und werden erwachsen, und heranwachsend erlangen sie Wissen und Macht, und all dies mit Hilfe von Träumen. Dieses Wachstum führt sie zu vielen Reisen. Im Lauf eines ganzen Lebens folgen sie dem Weg der Sonne, auf geheimnisvolle Weise inspiriert durch den magischen Schwan.

In beweglichen, anpassungsfähigen Jägerkulturen ist das leitende Prinzip menschlichen Verhaltens ein egalitärer Individualismus. Jede Person muß selbst den Weg wählen, dem sie folgen will, die Art und Weise, wie sie ihr tägliches Leben führen möchte. Niemand sucht anderen eine Handlungsweise oder ein bestimmtes Wahlverhalten aufzuzwingen. Kinder müssen selbst bestimmen, wie schnell sie wachsen: braves Verhalten ist nicht das Ergebnis autoritärer Erziehung. Wenn ein Erwachsener über das Verhalten eines anderen unglücklich ist, ist es eine weise Methode, dies dadurch zum Ausdruck zu bringen, daß er sich entfernt: denjenigen, der einem mißfällt, damit zu konfrontieren, ist töricht, und man schadet sich damit nur selbst. Du bittest um das, was du brauchst, und erwartest, daß du erhältst, worum du bittest. Teilen ist nicht so sehr eine soziale Verpflichtung als die Anerkennung des Rechts anderer, das zu haben, was sie, wie sie sagen, gerne hätten. Jede Person ist eine Autorität, was ihre eigenen Bedürfnisse angeht: die Unterscheidung zwischen Wünschen und Nöten, die so wesentlich ist für westliche Kulturen, steht in heftigem Widerspruch zu den Vorstellungen und Idealen nördlicher Jägervölker.

Die Mobilität der Jäger und Fallensteller, die wirtschaftliche, psychologische und spirituelle Facetten nebeneinander aufweist, hat mitgeholfen, die Beziehungen zu weißen Behörden und Behördenvertretern zu gestalten, die die Lebensweise der nördlichen Völker seit jeher zu ändern suchten und ihr Land beanspruchen. Sich-Entziehen zählt zu den klügsten Reaktionen, wenn es Schwierigkeiten gibt. Wo es möglich war, haben Jäger sich neue Produkte, Ideen und wirtschaftliche Aktivitäten zunutze gemacht, wohingegen sie zur gleichen Zeit den gesellschaftlichen und politischen Kräften gegenüber auf Distanz gegangen sind. Gruppen ziehen weg, dringen tiefer in ihre Jagdgebiete ein. Individuen ziehen sich hinter ihre Gesichter zurück, verstecken sich so vor dem weißen Mann – der nur ein Lächeln sieht oder ein störrisches Schweigen.

Dies bedeutet, daß Neuankömmlinge im Norden eher selten auf Widerstand gegen ihre Anwesenheit oder Absichten gestoßen sind. Erst seit den sechziger Jahren unseres Jahrhunderts haben nördliche Jäger und Fallensteller damit begonnen, das Verhältnis zwischen den Kulturen auf vertraglichem Weg auszuhandeln – zum Teil aufgrund der Einschränkungen, die sich gegen die bloße Möglichkeit ihrer fortgesetzten Mobilität richteten. Die europäische Herrschaft über den Norden und seine Bewohner erweist sich daher als paradox. Ihre Errungenschaften gingen aus Sicht der Jäger weder so weit noch griffen sie so tief, wie angenommen wurde. Beweglich, flexibel und anpassungsfähig in ihren Verhaltens- und Denkweisen, blieben sich die Inuit, Dene, Cree, Naskapi und Innu mit Erfolg selbst treu. Vieles von dem, was wir weiße Kultur nennen würden, haben sie absorbiert, aber die weiße Kultur hat sie nicht geschluckt. Sie sprechen ihre eigenen Sprachen, erziehen ihre Kinder den eigenen Prinzipien gemäß und leben in einer Welt, die ihren tiefsten Sinn aus Glaubensvorstellungen und Metaphern bezieht, die diejenigen ihrer Bewohner sind.

KAPITEL 7

Autorität

Auch wenn unsere Anführer sehr wichtig für uns sind: sie sind dazu bestimmt, uns zu führen und nicht, um Macht über uns zu haben ... Bei einem Treffen beispielsweise fragte ein Dene: „Ihr, die Anführer, wohin werdet ihr uns führen?" Und ein Anführer antwortete: „Wir werden dich nirgendwohin führen ... Ein Dene-Anführer führt niemanden irgendwohin. Du gehst, wohin du gehen willst."
Denendeh, A Dene Celebration

Wir wachsen nicht mit sonderlich vielen Regeln auf. Unsere Eltern drehen nicht durch, wenn wir einen Fehler machen; sie helfen uns einfach und bringen es uns bei.
Joanna Kiguktak
Grise Fiord

Es ist unsere Art, es zu versuchen und eine Person in Freiheit gewähren zu lassen, sobald sie weiß, was sie will.
George Barnaby
Fort Good Hope

In der Sprache der nordwestlichen Cree lautet das Wort, das für Anführer oder Häuptling stand, ugimau. Dieser Begriff – der einzige, der eine institutionale Autorität bezeichnet – ist abschätzig gemeint. Die Bezeichnung für den Häuptling, der von der modernen politischen Organisation gewählt wird, die vom Canadian Department of Indian Affairs (der Kanadischen Indianerbehörde) geschaffen wurde, lautet ugimaxan, wörtlich „vorgetäuschter" oder „falscher Chef", ein doppeltes Pejorativum.

In den nördlichen Athapaskensprachen gibt es keinen singulären Ausdruck für Häuptling. In Teilen Alaskas existiert ein Wort für Anführer, dayan, das, wie es scheint, ursprünglich aus einer anderen, wahrscheinlich sibirischen Sprache stammt. In mehreren Dialekten findet sich ein zusammengesetzter Ausdruck in der Bedeutung „wirkliche Person", der benutzt wird, wenn von Häuptlingen die Rede ist. Bei den Dunne-za des nördlichen British Columbia ist das Wort für Häuptling mechee, während der Indianeragent als der dunne-za mechee bekannt ist, der „Chef der Leute". Im Alltagsgebrauch heißt mechee „Eltern(teil)" oder „ältester Verwandter".

Bei den Inuit der Baffin-Region in der östlichen Arktis ist das am häufigsten gebrauchte Wort für Autorität angajurqaa, dessen Wurzel angajuk zu sein scheint, was so viel wie „älterer männlicher Blutsverwandter" bedeutet. Es gibt jedoch ähnliche Wörter, die sich auf andere, ältere Verwandte beziehen (zum Beispiel angak, Onkel). Im Alltag verwendet man angajurqaa, wenn man von seinen Eltern spricht. Es ist aber auch der Name, der einem Stationsleiter oder Pelzhändler der Hudson's Bay Company gegeben wurde. In der zentralen kanadischen Arktis benutzt man das Wort isumataq, um einen geachteten Älteren zu bezeichnen. Es beruht auf der Wurzel isuma, „Denken" oder „Intelligenz". Keiner dieser Ausdrücke, weder angajurqaa noch isumataq, kann direkt als "Autorität" in eine europäische oder nordamerikanische Begrifflichkeit übersetzt werden. Angajurqaa wird häufig gebraucht, um ein unangebrachtes, selbstherrliches Verhalten anzudeuten (Einer fragt den anderen an-

züglich: „Angajurqaaraluuvutinnai?" – „Ein richtiger Häuptling bist du, nicht wahr?"). Die Notwendigkeit, einen Weg der Erklärung für die Stellung des Premierministers zu finden, endet oft mit der Konstruktion des Kompositums angajurqaamarialuk, „Chef in höchstem Maße, durch und durch". Tatsächlich verwenden die Inuit trotz der Leichtigkeit, mit der ihre Sprache eigene Worte für moderne Phänomene bildet, lieber die englischen Titel, wenn es um nationale und internationale Behörden und Institutionen geht.

Wie in allen Gesellschaften gibt es auch unter den nördlichen Jägervölkern Männer und Frauen mit außerordentlichen Kenntnissen und Fähigkeiten. Manchen ist es gelungen, dauerhafte Verbindungen zur Welt des Übernatürlichen herzustellen, was sie dazu befähigt, Naturphänomene zu erklären, die Zukunft teilweise vorauszusehen und zahlreiche Krankheiten zu heilen. Bei den Athapasken und Algonkin erträumen einige dieser Männer und Frauen sich ihren Weg auf den Spuren der Zeit; und sie gelangen an Orte, die sich über der Erde befinden, von wo aus sie vieles sehen können, was sonst im Verborgenen bleibt. Dies sind die Schamanen.

Die Schamanen des Nordens erhalten ihre Kräfte, während sie, häufig noch als sehr junge Männer und Frauen, auf Visionssuche sind; dabei finden sie heraus, welche Elemente der natürlichen und der übernatürlichen Welt ihnen behilflich sein werden. Solche Helfer sind manchmal in Amuletten oder Medizinbündeln repräsentiert, die von den Schamanen stets bei sich getragen werden, des Nachts aber ihren Platz zwischen dem Kopf des Schamanen und dem Waldrand finden. Die Schamanen sind jedem Angehörigen der Gemeinschaft bekannt; im Notfall, vor allem, wenn das Jagdglück ausbleibt, oder bei Krankheiten, sucht man ihre Hilfe. Doch selbst die stärksten Träumer und Bereiter von Medizinen haben nicht das Recht, anderen ihr Wissen oder ihre Ansichten aufzudrängen. Sie sind im Besitz von Kräften, aber machtlos – Experten ohne Autorität.

Es waren seltene, aber dramatische Anlässe, die bei diesen Schamanen des Nordens Visionen hervorriefen, die sich auf eine ganze Gemeinschaft auswirkten. Dene-Träumer haben Himmelsreisen unternommen; dort erfuhren sie von einer unmittelbar drohenden Gefahr – beispielsweise der Ankunft der Weißen –, worauf sie sich in allen Haushalten der Region für Veränderungen einsetzten. Schamanen der Inuit, die die

Überzeugung gewannen, sie müßten in neue Gegenden aufbrechen, haben ihre Anhänger auf solchen Wanderungen angeführt. Ein bemerkenswertes Beispiel dieser Art ist aus dem 19. Jahrhundert bekannt, als eine Gruppe von Iglulingmiut im nördlichen Baffin Island sich auf den Weg in ein Land machte, das ihr Schamane in einer Vision gesehen hatte – und auf diese Weise Nordwest-Grönland erreichte. Selbst diese Form der Führerschaft beruht auf Kenntnissen. Die Menschen folgen dem Schamanen, weil sie ihm vertrauen. Er verfügt über keinerlei Zwangsmittel, um seine Wünsche durchzusetzen – er kann sich also nur auf den Respekt bzw. die Angst verlassen, die man ihm entgegenbringt, und beide verdankt er dem Ansehen, das er gerade genießt. Schamanen, die auf individuelle Ablehnung stoßen, können sich an keine andere, gar höhere Autorität wenden. Das Wissen, das zu besitzen sie beanspruchen, ist für ihre Mitmenschen von entscheidender Bedeutung; niemand würde leichtfertig darauf verzichten. Dennoch ist ihr Einfluß nur persönlicher Art; sie stellen keine Institution dar.

Manche Dene-Männer sind ausgezeichnete Elchjäger. Ein solcher Jäger kann bis zu 60 Prozent der Jahresausbeute mehrerer Familien beisteuern. Dieser Erfolg ist vielleicht auf seine Fähigkeiten als Träumer zurückzuführen, auf den Vertrag zwischen Jäger und Tier, in dem das Tier sich damit einverstanden erklärt, gejagt zu werden, wobei der Jäger andererseits nichts von dem Handel verraten darf, also schweigen muß, solange die Jagd nicht stattgefunden hat. Das bedeutet, daß der Jäger sein Traumwissen nicht für die Jagd anderer nutzen kann. Der außergewöhnlich erfolgreiche Jäger mag die natürlichen Zeichen – Fußspuren, angeknabberte Zweige, Exkremente, Windrichtung, Topografie – mit schlafwandlerischer Präzision lesen, er hat vielleicht auch verläßliche Eingebungen hinsichtlich der Bewegungen und Gewohnheiten seiner Beute. Aber hierbei handelt es sich nicht um Wissen, das sich auf eine Liste von Anleitungen reduzieren ließe, und niemand erwartet dergleichen von ihm. Wenn sich ein hervorragender Elchjäger als Jagdführer anbietet oder gar als Autorität fungiert, dann deshalb, weil andere Jäger seine Entscheidungen genauestens beobachtet haben und sich demgemäß hinter ihm einordnen, wenn man im Gänsemarsch einer Fährte durch den Wald folgt. Jeder einzelne wählt seine Position selbst; niemand würde dem anderen einen Platz zuweisen, der seinem Rang als

Wenn ein Inuk jagen will, jagt er; es braucht ihn niemand dazu aufzufordern.
Louis Alianakuluk
Igloolik

Wenn ich Fleisch habe und jemand anderer Fleisch nötig hat, kann er sich sein Stück holen, und sollte ich etwas brauchen, kann ich es mir holen. Niemand wird übergangen.
James Ruben
Paulatuk

Jäger entspricht. Selbst dem erfolgreichsten Jäger würde unpassendes Verhalten vorgeworfen, käme er auf die Idee, seinen Jagdgefährten Anweisungen zu erteilen. Er ist ein Experte, aber keine Autorität.

Wie also läuft so eine Jagd ab? Eine Gruppe sitzt an einem Lagerfeuer oder in einer Jagdhütte zusammen. Die Männer und Frauen reden über das Land, die Tiere und das Wetter. Einer der Männer, bekannt als erfolgreicher Elchjäger, meint, er werde sich wohl am nächsten Tag zu dem und dem Hügel auf den Weg machen. Andere geben zu verstehen, daß sie ihn womöglich begleiten würden, oder aber sie zählen die Vorteile auf, die die Elchjagd in einer anderen Gegend mit sich brächte. Der nächste Tag ist da, aber niemand geht auf die Jagd. Irgendwas hat sich geändert: der Wind vielleicht oder etwas, das sich nur als Stimmung beschreiben läßt. Früh dann am nächsten Morgen kündigt einer der besten Jäger an, gleich losgehen zu wollen, um nach Elchen Ausschau zu halten. Er packt seine Ausrüstung zusammen und bricht auf. Andere schließen sich ihm an. Eine Gruppe von Männern wird sich ein Jagdgebiet aussuchen, von dem sie erwarten, dort auf Elchspuren zu stoßen – das kann die Umgebung einer natürlichen Salzlecke sein oder ein bekannter Trampelpfad. Der Boden wird genau in Augenschein genommen. Ein jeder sucht für sich allein; aber wenn er etwas findet, teilt er es lauthals mit. Nach einer Weile sagt der Jäger, der als der beste gilt, in welcher Richtung es seiner Ansicht nach weitergehen sollte. Seine Begleiter haben auf diesen Augenblick gewartet. Obwohl sie seine Fähigkeiten anerkennen, schlägt einer nach dem anderen seine eigene Richtung ein. Niemand organisiert das kollektive Jagdgeschehen. Niemand aber auch geht los, ohne sich ein Bild davon zu machen, was die anderen vorhaben. Es gibt kein offenkundiges System, dennoch ist der Gesamteindruck ein systematischer. Keiner sagt dem anderen, was er zu tun habe, aber die Spannung zwischen den Jägern ist spürbar; es ist ein wachsames Abwarten auf die Entscheidungen der jeweils anderen. Sollte ein schlechterer Jäger auf eigene Faust vor allen anderen losziehen, würde sich niemand darüber aufregen. Die besseren Jäger würden sich einfach ihre eigene Meinung zum Tun des ungestümen Neulings bilden. Daß so etwas sehr selten vorkam, ist keineswegs ein Hinweis auf versteckte Autoritätsgläubigkeit. Der hier wirksam werdende Imperativ entspringt einem gemeinsamen Wunsch nach Erfolg und dem Vertrauen darauf, sich diesen

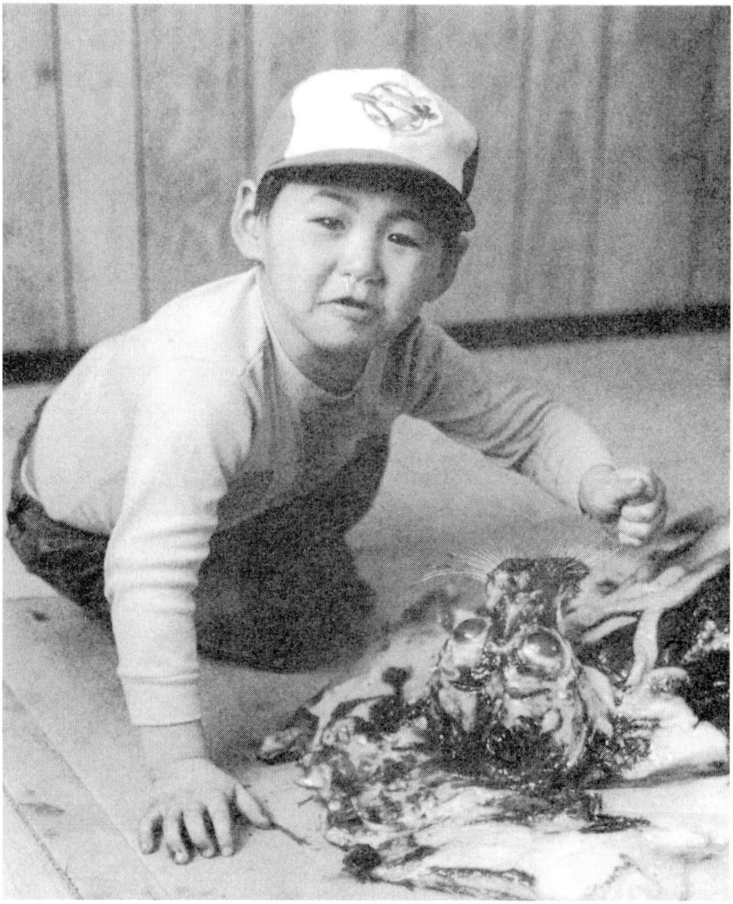

teilen zu können. Unwichtig wer die Beute erlegt – vom Fleisch bekommt jeder was ab.

In diesen Gesellschaften aus egalitären Individuen beruht die Gemeinschaft auf der Familienzugehörigkeit. Diese besitzt jedoch eine überraschende Qualität: einerseits binden den Einzelnen starke Loyalitäten an die Verwandtschaft; andererseits beharrt auch in größeren Verbänden und kulturellen Einheiten jeder darauf, mit allen anderen verwandt zu sein. Familiäre Beziehungen schaffen starke Verpflichtungen. Bluts- und Heiratsbande festigen Unabhängigkeit und Kooperation. Grundsätzliche Sicherheit und Gleichheit sind damit garantiert.

Familienzugehörigkeit bedeutet auch, daß manche Individuen eine außerordentliche soziale Stellung einnehmen. Wir haben bereits gesehen, daß die Begriffe angajurqaa und mechee nicht nur für „Anführer" oder „Häuptlinge" gelten, sondern auch auf Eltern und Älteste angewandt werden können. Diese Kombination von Bedeutungen zeugt von der Hochschätzung, mit der nördliche Jägervölker den Alten begegnen. Sie sagen: das Leben ist nicht leicht, und alt werden heißt, daß man gelernt hat, mit zahlreichen Schwierigkeiten fertig zu werden. Alter ist ein Maßstab des Wissens, ein Barometer der Weisheit. Wissen und Weisheit heischen Respekt. Die Jungen halten sich daher, soweit es möglich oder praktisch ist, an das, was die Alten ihrer Meinung nach von ihnen erwarten. Die Wünsche und Bedürfnisse der Alten werden antizipiert und befriedigt. Dies bedeutet jedoch auch, daß die Alten es nicht nötig haben, nach außen irgendeine Form von Autorität zu zeigen. Was sie anzubieten haben, ist ihr Rat – und der ist sehr gesucht. Dabei sind es weniger direkte Ratschläge, die zählen, deutlich gemacht werden persönliche Vorlieben, und andere versuchen diese mit den eigenen Vorstellungen in Einklang zu bringen. Wer jedoch mit dem Wunsch oder Rat eines Älteren nichts anzufangen weiß, fühlt sich dennoch frei, selbst den geschätztesten Ältesten zu ignorieren.

Es hat manchmal den Anschein, daß das älteste oder geachtetste Mitglied der größten oder erfolgreichsten Familie die Gemeinschaft anführt. Aber selbst ein so hervorragendes Individuum hat nicht das Recht, im Namen anderer zu sprechen – es sei denn, sie würden sich damit einverstanden erklären. Übereinstimmung heißt, daß jeder einzelne öffentlich und deutlich die gleiche Meinung vertritt. Im Inuktitut hat das Wort mali

sowohl die Bedeutung „sich einer Jagdgruppe anschließen“ als auch „zustimmen, übereinstimmen.“

Es existiert keine Institution, die Autorität, keine Organisation, die Macht ausübte. Wir haben Kulturen vor uns, die Hierarchien ablehnen und es nicht für nötig befunden haben, eine Sprache der Autorität zu entwickeln, wie sie zwischen einzelnen Menschen und Gruppen funktioniert, in denen das Wissen von Träumern und Heilern hochgeschätzt (und manchmal gefürchtet) wird, in denen aber nicht einmal der Schamane mehr als ein wichtiger Experte ist, ein Spezialist, der über wertvolle Fähigkeiten verfügt, aber keinerlei Kontrolle ausüben kann. Kein Individuum kann in diesen Gesellschaften für andere sprechen, die Eltern nicht für ihre Kinder, und kein Ältester für seine Familie. Kein Individuum macht Gesetze oder verschafft ihnen Geltung. Keine Personengruppe bildet eine Körperschaft oder entspricht auch nur im geringsten einer regierungsähnlichen Institution. Der Individualismus der Kultur ist eine Barriere gegen jede Form organisierter Herrschaft, der Egalitarismus eine Abschirmung vor jeglichem wettbewerbsempfänglichen Individualismus.

Die Männer und Frauen, deren Denken und Leben von Jägerkulturen geprägt worden ist, wissen, daß man zuhören muß, wenn man lernen will. Fragen zu stellen betrachten sie meistens als aufdringlich, unnötig und kontraproduktiv. Was die Jagd, das Fischen, Fallenstellen und die lebenswichtigen jahreszeitlichen Wanderungen angeht, braucht das Individuum, um Entscheidungen fällen zu können, eine enorme Menge an Informationen. Manches davon ist von grundsätzlicher Art, faktenbezogen und einfach: den Aufenthaltsort von Tieren, die Beschaffenheit des Geländes und Ansichten über das Wetter kann man beispielsweise herausfinden, indem man anderen Jägern zuhört, die von ihren Jagdunternehmen erzählen. Ein Teil der Information ist in der Metaphorik der Traumsprache und des Schamanismus verschlüsselt: auch dieses Wissen ist erlernbar; man braucht nur den historischen Berichten, den Geschichten und Gesängen, vorgetragen von den besten Kennern, zu lauschen und den besten Tänzern zuzuschauen. Bestimmte Informationen erhält man durch sein eigenes Gespür für den Wind, die Bäume, das Meer und den Himmel. Anderes wiederum wird in den Träumen geboren. Theoretisch betrachtet ist es eine immense, nahezu unmögliche Auf-

Wenn jemand daherkommt und um etwas bittet, gebe ich es ihm, falls ich es habe. Es spielt keine Rolle, ob sie es dir zurückerstatten können. Solange ich mich erinnern kann, höre ich meine Mutter sagen, sie hätte es gerne, wenn ich, solange ich etwas zu teilen hätte, auch wenn es nur wenig sei, es mit jemandem teilte, der nichts zu essen hätte. So wurde ich erzogen. Wie wenig ich auch besäße, pflegte sie zu sagen, ich hätte es zu teilen, falls ich einen anderen ohne Essen sähe.
Naeme Tuglavina
Nain

Respekt für die Alten ist ein anderes Gesetz, kommen doch alle Gesetze von den Lehren unserer Ältesten, von Geschichten, die uns stolz machen auf unsere Kultur, von der Schulung, die uns von jung an zuteil wird; wir lernen, was von uns erwartet wird. Ohne diesen Unterricht von seiten der Ältesten wird unsere Kultur untergehen.
George Barnaby
Fort Good Hope

gabe, die nötige Menge und Bandbreite an Informationen zu erhalten und zu verarbeiten. Und doch sind es diejenigen Informationen, auf deren Grundlagen Entscheidungen getroffen werden müssen, von denen Leben und Tod abhängen können.

Es besteht ein Zusammenhang zwischen der persönlichen oder intuitiven Informationsverarbeitung und dem egalitären Individualismus. Jede Person muß für sich selbst entscheiden. Es gibt keine Autorität, keine Institution, auf die man sich verlassen könnte. In diesem System beruht der Erfolg sowohl für das Individuum als auch für ganze Gemeinschaften auf einer Reihe von Übereinstimmungen: untereinander, zwischen sich und der natürlichen Umwelt und zwischen sich und den spirituellen Kräften, die entweder zum Erfolg oder in die Katastrophe führen können. Diese Übereinstimmungen bringen eine Offenheit mit sich, eine Bereitschaft zuzuhören und zu reagieren, eine friedliche Verabredung mit dem eigenen Schicksal. Jemanden zu unterbrechen, der spricht, sich nach einer Autorität umzusehen, um sich der persönlichen Verantwortung nicht stellen zu müssen, sich selbst als dominante Person herausstellen zu wollen, es zu versäumen, mit anderen offen und ihren Bedürfnissen gemäß zu teilen – in der Welt und Ideologie der nördlichen Jäger ist all dies zersetzend, selbstzerstörerisch und falsch.

Aber selbst in einem egalitären, nicht autoritären Gesellschaftssystem gibt es zwangsläufig ein Problem der Abweichung. Wie kann ohne formelle Institutionen und in einer zwischenmenschlichen Atmosphäre, in der der Einzelne es ablehnt, sich anderen aufzudrängen, Devianz verhindert werden und wie geht man damit um?

Ein Teil der Antwort auf diese Frage liegt in der Mobilität der Jäger. Individuen oder Gruppen, die Ärger verursachen, werden gemieden. Das heißt, daß sie in einer Welt, in der, wer überleben will, auf ein Netzwerk von Abhängigkeiten angewiesen ist, allein zurückbleiben werden. Über den Köpfen aller Unruhestifter schwebt daher die Drohung, daß ihre Freunde und Verwandten von ihnen wegziehen werden. An und für sich sind die nördlichen Jägervölker tolerant und zeigen sich ihren Mitmenschen gegenüber großzügig. So erhält ein Mann, der die Arbeit verweigert, dennoch zu essen: an die Fleischverteilung sind keine Bedingungen geknüpft. Personen jedoch, deren Arbeitsverweigerung eine Belastung darzustellen beginnt und damit den Erfolg der anderen gefähr-

det, werden sich selbst überlassen. Auf diese Weise ist die Bereitschaft der Jäger, ein neues Lager zu beziehen, nicht nur ein wirksames Abschreckungsmittel, sondern auch eine faktische, wenngleich indirekte Repressalie. Dieser Mechanismus macht abweichendes Verhalten eher ungewöhnlich und erleichtert zugleich den Umgang damit.

Personen können sich weigern, zurückgelassen zu werden. Ein Unruhestifter könnte sich anderen anschließen und ihnen trotz stärkster Anzeichen, daß er nicht willkommen ist, seine Gegenwart aufdrängen. Und auch den Bewegungsmöglichkeiten der Jäger sind Grenzen gesetzt. Dieses reale und gefährliche Fehlverhalten scheint in den nördlichen Kulturen sehr selten zu sein. Es ist gleichbedeutend mit Wahnsinn, aber es ist nicht gänzlich unbekannt, und man hat eine simple Abhilfe dafür gefunden. Auf unverbesserliche Devianz, die für andere eine gefährliche und unmittelbare Bedrohung darstellte, wurde mit Exekution reagiert. Individuen, deren Verhalten als Wahnsinn gedeutet werden konnte und die auf schamanistische Heilverfahren, geduldige Toleranz und Meidung nicht ansprachen, wurden getötet.

Wie wir später sehen werden, führte die Ankunft der weißen Polizei und die Einführung kanadischer Gesetze im hohen Norden dazu, daß die einheimischen Methoden, auf extremes abweichendes Verhalten zu reagieren, ersetzt oder unterdrückt wurden. Es kam allerdings auch zu Begegnungen mit Fremden, die, dem Gesetz der Inuit folgend, mit der Tötung der Neuankömmlinge endeten. 1913 brachten zwei Jäger der Copper Inuit zwei Priester um, die sie mit Waffengewalt gezwungen hatten, eine Reise anzutreten, die ihrer Ansicht nach gefährlich war. 1926 tötete im nördlichen Baffinland ein Jäger einen unabhängigen weißen Händler, der sich an Inuit-Familien hängte und von ihnen verlangte, ihm ihre Fuchspelze zu verkaufen, und damit drohte, ihre Hunde zu erschießen, wenn sie sich nicht kooperativ zeigten. In beiden Fällen hielten sich die Inuit, denen die Weißen zum Opfer fielen, an ihre eigenen Gesetze. Im Falle des Händlers brachten die beteiligten Inuit seinen Leichnam, seine Felle und Papiere gewissenhaft zu einem Polizeiposten, um sicherzustellen, daß die Verwandten des Händlers nicht meinten, die Inuit hätten sich an ihren Besitztümern vergriffen. Beide Tötungen führten zu dramatischen Gerichtsverhandlungen, bei denen die Inuit zu Gefängnisstrafen verurteilt wurden: die beiden, die den Händler getötet

hatten, erhielten zehn Jahre, die „Mörder" des Priesters lebenslänglich. Den kanadischen Gesetzen sollte Geltung verschafft werden, doch spiegelt der Strafaufschub, der in letzterem Falle nach zwei Jahren gewährt wurde, eine veränderte Einschätzung auf seiten des Berufungsgerichts wider, das die Tatsache berücksichtigte, daß die Inuit ja nur ihrem Rechtsgefühl gefolgt waren. Sie hatten auf abweichendes Verhalten reagiert, wie es ihre Art war.

Missionare und Händler wurden in Gegenden des hohen Nordens getötet, wo sich die einheimischen Gebräuche unberührt von weißer Beeinflussung bis ins zwanzigste Jahrhundert erhalten hatten. In anderen Teilen der Arktis und Subarktis bereitete das Fehlen formeller Einrichtungen, die Autorität und Führungswillen verkörpert hätten, den frühesten Kolonisten Probleme. Als sich die Kolonialverwaltung um die Beziehungen zwischen Siedlern und einheimischer Bevölkerung zu kümmern begann, suchten sie Wortführer, mit denen Abkommen ausgehandelt werden sollten. Die ersten Verhandlungen fanden mit den Irokesen der östlichen Waldregion statt, auf dem Gebiet des heutigen US-Bundessaates New York, in New England und dem südöstlichen Kanada. Die Irokesen mit ihren Maisfeldern und festen Ansiedlungen sind keine egalitären Individualisten. Tatsächlich sind ihre Regierungs- und Führungsinstitutionen denen europäischer Nationen nicht unähnlich. Es ist kein Zufall, daß Marx und Engels in den Berichten über das irokesische Gesellschaftssystem, die sie lasen, das Modell einer idealen Demokratie, einen verbesserten klassischen Stadtstaat entdeckten. Dies bedeutete, daß die kolonialen Verwaltungsbeamten bei den Irokesen Häuptlinge vorfanden, mit denen allgemeine vertragliche Übereinkommen möglich waren. Die Vertreter der Hudson's Bay Company waren dadurch in die Lage gesetzt, sich in ihren Geschäftsbeziehungen zu Jägern und Fallenstellern im östlichen Kanada die Verhandlungen mit Häuptlingen und anderen indigenen Autoritäten zum Vorbild zu nehmen. Als die Pelzhändler weiter nach Westen vordrangen, behielten sie dieses Verhandlungsmuster bei. Sie weiteten den Pelzhandel aus, immer auf der Suche nach Häuptlingen, die verläßliche Handelspartner abgaben.

Durch die Wünsche und Forderungen dieser weißen Neuankömmlinge unter Druck gesetzt, ihrerseits aber auch darauf bedacht, Vorteile aus den Feuerwaffen und anderen nützlichen Produkten zu ziehen, die von

den Händlern angeboten wurden, versuchten alle indianischen Gruppen den vermeintlichen Erwartungen der Händler einigermaßen gerecht zu werden. Dennoch war Mißverständnissen nach wie vor Tür und Tor geöffnet, wenn in den Verhandlungen der Händler mit Athapasken, Algonkin und Inuit die Rede auf Häuptlinge kam.

Weiße Pelzhändler brauchten jemanden, der sie verstand, der für seine Leute sprechen konnte und ihnen die Entscheidungen und Instruktionen verständlich zu machen wußte, die von den Bevollmächtigten der Hudson's Bay Company beschlossen wurden. Ein Mittelsmann, der sich ein wenig in der Sprache der Fremden auszudrücken verstand, konnte auch für die Leute selbst von Nutzen sein. Hier ging es um eine andere Art von Kennerschaft. Die Jäger des Nordens einigten sich daher, ohne daß es ein Einigungsverfahren gegeben hätte, auf einen Experten; die Händler auf der anderen Seite waren sich sicher, daß ein Häuptling bestimmt worden war.

Durch den Pelzhandel entstanden unter den Jägern in zunehmendem Maße neue Bedürfnisse nach Gütern, auf die die Weißen ein Handelsmonopol hatten. Als unvermeidliche Folge kam es zu einer teilweisen Verschärfung territorialer und ökonomischer Probleme. In einigen Gegenden scheinen die Familienjagdgründe mit einem ganz neuen Interesse behütet worden zu sein: die Nutzung durch andere Gruppen mochte einen beträchtlichen Kaufkraftverlust nach sich ziehen. Daraus wiederum ergaben sich neue Forderungen an die Autorität der Ältesten.

In den frühen Tagen des Pelzhandels repräsentierten – besonders bei den westlichen Dene und den Cree der James Bay – die Familienoberhäupter ihre Leute manchmal auf der bloßen Grundlage eines individuell formulierten Einverständnisses, so wie es den Gepflogenheiten einer Großfamilie entsprach. Aber die Zwänge, die sich aus den Pelzhandelsgeschäften ergaben, und die unweigerliche Ignoranz der Händler, was die Feinheiten solcher Familienvertretung anging, führten dazu, daß Älteste häufig in eine Form der Führerschaft gedrängt wurden, die längst ohne angemessenen Konsens auskam. In tragischer Konsequenz wurde so mancher bedeutende Älteste von seinen eigenen Leuten als Laufbursche angesehen und benutzt.

Als die kanadische Regierung politische Institutionen zu etablieren versuchte, die nicht im Widerspruch zu denen der Nation standen, kam

sie ebenfalls nicht ohne Häuptlinge aus. Vor 1940 hatten Indianeragenten die Vollmacht, einen Mann oder eine Frau ihrer Wahl zum Häuptling zu ernennen. Sobald in der Folgezeit Indianeragenten oder ihre regionalen Vorgesetzten zu dem Schluß kamen, daß eine indigene Gruppe „bereit" sei, wurde ein Wahlverfahren in Gang gesetzt und Häuptlinge durch Volkesstimme gewählt. Heute werden alle Häuptlinge und Stammesvertreter von den Angehörigen ihrer jeweiligen ethnischen Gemeinschaft gewählt.

In den 70er Jahren wurden einige bemerkenswerte Versuche unternommen, Familie und egalitären Individualismus zum Ausgangspunkt neuer politischer Strategien zu machen. Anführer der Dene in der westlichen Subarktis riefen Körperschaften zur Entscheidungsfindung ins Leben, die auf einem allgemeinen Konsens in allen Gemeinschaften beruhten. Damit suchten sie zu gewährleisten, daß Entscheidungsfindungen und die Organisation des sozialen Lebens nach Dene-Tradition im Mittelpunkt einer neuen Form von Politik stünden. Wo nichts dergleichen geschah, fanden sich sogar die selbstgewählten „Anführer" und „Häuptlinge" im Widerspruch zu den Gefühlen und Interessen ihrer Völker.

Das Bedürfnis der Weißen nach Autoritätspersonen zeitigte ganz unterschiedliche Folgen: zwischen totaler Verwirrung – dann etwa, wenn der vermeintliche Häuptling in Wirklichkeit keinerlei Rückhalt in seiner Gesellschaft hatte – und recht effektiven Kompromissen, wenn nämlich Familien und Gemeinden dafür sorgten, daß Älteste bzw. von ihnen selbst bestimmte Experten ein gewichtiges Wort mitzureden haben: entweder bei der Wahl der neuen Anführer oder bei der Durchsetzung ihrer neuen (und manchmal recht bedeutenden) Pflichten.

Autoritätssysteme, die auf dem Egalitarismus beruhen, und Eigentumsformen, deren Grundlage das Teilen ist, unterscheiden sich so sehr von den hierarchischen und konkurrierenden Systemen der eurokanadischen Kultur, daß sie von Fremden meistens gar nicht wahrgenommen werden. Wir können eine Rechtsprechung, die im Denken der Menschen existiert, nicht sehen, und es fällt uns sehr schwer, daran zu glauben. Wir brauchen eine Art Polittourismus; wir müssen in der Lage sein, ein Büro aufzusuchen, eine Debatte mitzuverfolgen oder eine Reise anzutreten, die sich von der Sprache hierarchischer Autorität leiten läßt. Wir müssen Fragen stellen können. Die Jäger und Fallensteller des Nordens müssen ganz im Gegenteil in der Lage sein, die ihnen eigene Autorität auf sich selbst als Individuen zu übertragen; und sie müssen genauso fähig sein, das Wissen und die Erzeugnisse untereinander zu teilen, die dieses Wissen hervorbringt, um sicherzustellen, daß ihr System, die Familien und die Individuen, auch künftig überleben werden. Sie müssen sich frei bewegen können, in Einklang mit der Welt um sie herum und den Vorstellungen von der Welt in ihren Köpfen. Wissen ist notwendig und wird respektiert, aber man bedient sich seiner ohne Unterwürfigkeit. Kollektivität ist für diese Menschen so lebenswichtig wie ihr Land und ihre spirituellen Ansichten. Aber der Reichtum ihres Landes, die Wirksamkeit ihrer Glaubensvorstellungen und die Gesundheit des Kollektivs hängen alle vom Fehlen formeller, einschränkender und verwirrender Institutionen ab. Für die Völker des Nordens steht der egalitäre Individualismus im Zentrum sozialer Integrität und Wohlfahrt.

KAPITEL 8

Kinder

Alle Menschen haben den Wunsch nach einem Weiterleben ihrer selbst in der Zukunft. Deshalb haben die Menschen Familien, so daß sie ihre Werte und ihre eigenen Verhaltensweisen der Welt gegenüber an ihre Kinder weitergeben können, damit ihre Kinder so weitermachen können, wie sie es ihnen vorgelebt haben.
Steve Kakfwi
Fort Good Hope

Ich trage den Namen meiner Großmutter mütterlicherseits; sie hieß Tagurnaaq. Louis Tapatai heiratet meine Mutter. Er nennt Tagurnaaq Schwiegermutter. Hier bin ich also und heiße ebenfalls Tagurnaaq. Selbstverständlich sagt mein Vater Schwiegermutter zu mir, und ich sage Schwiegersohn zu ihm, da meine Mutter meine Tochter ist, die Tochter Tagurnaaqs, und sie mich Mutter nennt.
Armand Tagurnaaq
Baker Lake

Wenn ein Inuit-Baby ein paar Tage alt ist, erhält es sein atiq. Atiq – was gewöhnlich als „Name“ wiedergegeben wird – konstituiert eine Essenz oder Seele (wenngleich wir von den christlichen Konnotationen dieser Begriffe absehen müssen, um eine genaue Übersetzung zu erhalten). Diese „Seele“ jedoch ist jemand anderer. Bei den meisten Inuit ist der atiq des Neugeborenen ein alter, bereits verstorbener Verwandter, häufig ein Großelternteil oder auch Großonkel oder Großtante. Wer das Kind nicht kennt, wird ihm für den Rest seines Lebens mit der Frage begegnen: ‚Kinamik atirqarpit?‘ „Wen hast du als atiq?“

Viele Inuit sagen, daß sie sich an Ereignisse erinnern können, die sich vor ihrer Geburt zutrugen. Das Leben im Mutterleib wird vom Leben nach der Geburt nicht geschieden. Eine alte Frau hat von den Erlebnissen berichtet, die sie im Mutterleib gemacht haben wollte, einschließlich der Erinnerung an den Eingang, durch den in periodischen Abständen ein „Hund“ Kopf und Hals hereinsteckte und sich erbrach. Erst später in ihrem Leben wurde sich die Frau darüber klar, daß sie den Penis ihres Vaters und seine Ejakulationen gesehen hatte. In Sanikiluaq hat sich ein Mann daran erinnert, das Innere der Holzhütte seines weißen Vaters gesehen zu haben, während seine Mutter dort zu Besuch war, und dies, bevor er geboren wurde. Nichtsdestoweniger ist ein Kind keine vollständige Person, bevor ihm sein atiq zuteil wird. Dies kann vielleicht die allem Anschein nach paradoxe Verbindung erklären helfen, die in der Inuit-Kultur zwischen einer intensiv empfundenen Zuneigung Kindern gegenüber und dem gelegentlich vorkommendem Infantizid nach der Geburt besteht. Diese Praxis, und die Unterstützung, die kränkelnde Alte erfahren, um Selbstmord zu begehen, sind in der populären Literatur über die Inuit wild übertrieben worden. Zu bestimmten Zeiten und in Gegenden, wo die Geburt eines Kindes ein schwerwiegendes Problem darstellt, ist es allerdings zu Kindsmord gekommen. Ein solcher wird unmöglich, sobald das Kind seinen atiq hat.

Sobald es den atiq erhalten hat, ist jedes Kind einerseits es selbst, andererseits auch jemand, den seine Eltern unsterblich machen wollen.

Das Kind ist auch ein Erwachsener, es wird um seinetwillen geliebt und weil es ein bewundertes und geliebtes Mitglied einer älteren Generation ist.

Die neugeborenen Babies der Dene und Cree werden untersucht, weil man herausfinden will, wer reinkarniert worden ist: anhand von Muttermalen, bestimmten auffälligen Gewohnheiten oder körperlichen Kennzeichen läßt sich womöglich erkennen, wer das Kind in einem früheren Leben war. Manchmal findet man erst viele Jahre später die entsprechenden Beweise: es ist nicht ungewöhnlich, daß Teenager, vielleicht durch eine Vision oder im Traum, vielleicht auch, indem sie Besitztümer und Lagerstätten wiedererkennen, die sie in einem anderen Leben benutzt hatten, plötzlich entdecken, wer sie einst waren und – in einem ganz entscheidenden Sinn – wirklich sind.

Die ständige Erneuerung des atiq bei den Inuit und der Glaube an die Wiedergeburt bei den Dene und Cree stellen den Fortbestand der Kultur sicher und sind ein Leugnen des Todes. Man kann nicht zulassen, daß die klügsten und beliebtesten Mitglieder der Gesellschaft, die Bewahrer alten Wissens und Garanten der kulturellen Identität einfach verschwinden.

Insofern, als sie die Unsterblichkeit der klügsten und beliebtesten Menschen garantieren, bedeuten diese Glaubensvorstellungen auch, daß kein Kind lediglich ein Kind ist, und die Empfindungen und Verhaltensweisen, die man einem Kind gegenüber an den Tag legt, sind von den Empfindungen und Verhaltensweisen geprägt, mit denen man manchen der geachtetsten Ältesten begegnet. Wenn ich den atiq meines Großvaters an meine kindliche Tochter weitergebe, so ist sie damit mein Großvater. Ich werde sie ataatassiaq, „Großvater“, nennen. Sie hat das Recht, mich „Enkel“ zu nennen. Kann ich sie ausschimpfen? Könnte ich meinem Großvater bedeuten, er sollte eigentlich längst im Bett liegen? Könnte ich meinem Großvater auftragen, sein Frühstück zu beenden? Dies sind alles Möglichkeiten, die sich in Kulturen ergeben, in denen die Kinder nicht als Herren ihrer eigenen Bedürfnisse angesehen werden. Bei den Jägervölkern des Nordens jedoch, wo keine Unterscheidung getroffen wird zwischen Bedürfnissen und Wünschen, können sowohl das Baby als auch der Großvater entscheiden, wann sie schlafen gehen wollen, was sie essen und was sie nicht essen möchten. Ein Kind oder einen

älteren Menschen zu schelten, wird als zudringlich und falsch empfunden.

Bei den Inuit wird Intelligenz oder Rationalität mit isuma oder ihuma übersetzt (in einigen Dialekten wird s zu h). Von allen, die schnell aufbrausen, heißt es, sie besäßen unzureichend isuma; man sagt, einem jungen Menschen, der die Vorlieben seiner Eltern mißachtet, fehle es ebenfalls an isuma; ein Jäger, der sich unter ungünstigen Voraussetzungen auf den Weg macht, braucht nach Ansicht der Leute mehr isuma; wenn sich ein Dreijähriger daneben benimmt, könnte die Frage an ihn lauten: „Hast du es versäumt, dein isuma zu gebrauchen?“

Isuma gilt jedoch nicht als etwas, das von den Kindern erlernt werden oder das man Kindern beibringen könnte. Es wächst vielmehr ungeachtet intellektueller oder moralischer Beeinflussung des Kindes heran. Sanfte Steuerung, vorbildliches Verhalten, Vererbung – all dies soll nicht ohne Wirkung auf isuma sein. Aber wie die Anthropologin Jean Briggs auf der Grundlage ihrer Arbeit in der zentralen kanadischen Arktis beobachtete: „Es ist sinnlos, auch nur zu versuchen, einem Kind [isuma] beizubringen, bevor es keine Anzeichen zeigt, es zu besitzen.“ Rationalität, das ist, so wie die Inuit es sehen, vergleichbar mit den Haaren auf jemandes Kopf: ihr Wachstum braucht seine Zeit, und es vollzieht sich auf seine Weise. Wenn man ein kahlköpfiges Baby anschreit, wächst dessen Haar deshalb nicht schneller; ärgerlicher Protest gegen kindliches Fehlverhalten führt zu keinem guten Benehmen.

Vorstellungen und Ideale der Inuit von einem menschenwürdigen Zusammenleben schließen daher direkte Disziplinierungsmaßnahmen gegen Kinder als gleichermaßen unmoralisch wie zwecklos aus. Kinder erhalten auch, so weit es möglich ist, was sie verlangen. Sie wissen, was sie brauchen. Diese Art von Freizügigkeit hat jedoch zwei Facetten. Einerseits würde man kein Kind, das darum bittet, aufgehoben und gehätschelt zu werden, zurückweisen. Andererseits läßt man ein Kind, das einen Wutanfall hat, auf dem Boden hocken und schreien – unaufgefordert herbeizueilen und das Kind in die Arme zu schließen, würde als aufdringlich gelten.

Mit Humor, konsequentem Handeln und gutem Beispiel auf seiten von Eltern und Altersgenossen scheint unter den Heranwachsenden ein hohes Maß an Disziplin, Selbstsicherheit und psychologischem Wohlbe-

hagen erreicht zu werden. Kinder wachsen schnell. Von Neun- oder Zehnjährigen erwartet man, daß sie ihren Teil zu den übers Jahr verteilten Aktivitäten beitragen, sowohl zu Hause als auch auf dem Festland. Vierzehnjährige arbeiten an der Seite ihrer Eltern; sie dürfen Näharbeiten ausführen, sich um die lebenswichtige Ausrüstung kümmern, fischen, Fallen stellen und jagen. Bevor die moderne Schule die Zeit der Kindheit verlängerte, wodurch die Kindererziehung schweren Belastungen ausgesetzt war, gingen junge Männer und Frauen, sobald sie zwanzig waren, eheliche Beziehungen ein, die in unterschiedlichem Maße formalisiert waren.

Die Jägervölker des kanadischen Nordens kennen keine Übergangsriten. Die Individuen bestimmen selbst, wie schnell sie erwachsen werden wollen, und nehmen ihren Platz in der Gesellschaft ein, sobald sie dazu in der Lage sind. Das Eintreten sexueller oder sozialer Reife wird durch keinerlei Zeremonie markiert, und es gibt auch nichts, das wie eine Vermählung aussieht. Soziales und persönliches Leben sind formlos und von Improvisation geprägt; Individuen gehen ihre jeweils eigenen Wege. Kultur und Land schaffen Disziplin, die von innen heraus wirksam wird; das daraus entstehende Bewußtsein und seine Grenzen kommen in der Form von Wissen allen zugute und sind in der Form von Gesetzen Teil der gemeinsamen Erfahrung. Kraft und Unausweichlichkeit der Gesetze scheinen eine Kodifizierung, Institutionen oder organisierte Zeremonien überflüssig zu machen.*

In den Augen europäischer Reisender und Ethnografen, die als erste den hohen Norden beschrieben, bedeutet das Fehlen formeller Institutionen und kodifizierter Gesetze, daß die Kinder der Arktis in einem Zu-

* In der westlichen Arktis und entlang der Pazifikküste, in Alaska, im östlichen Sibirien und im nördlichen British Columbia findet sich eine Reihe jägerischer Gesellschaften, die auf mehr oder weniger dauerhafte Gemeinschaftssiedlungen konzentriert sind. Dazu gehören die vom Walfang lebenden Inupiaq. Auffälligstes Merkmal dieser Jäger sind Übergangsriten, institutionalisierte Zeremonien und ziemlich formalisierte Regeln des Zusammenlebens. Man darf darin eine Funktion der gesellschaftlichen Dauer sehen. In ähnlicher Weise kennen einige athapaskische Gruppen wie die Carrier, Tahltan und Wet'suwet'en als enge Nachbarn der Nordwestküstenbevölkerung das Potlatch oder Institutionen der Bewirtung mit ausgefeilten Methoden, Gesetze zu ratifizieren und durchzusetzen. Andererseits führen die Jäger des kanadischen Nordens ein mobiles und notwendigerweise veränderliches Leben. Hier erlaubt die bloße Beweglichkeit eine alternative, nicht zeremonielle und formlose Art der Gesellschaftsordnung.

stand uneingeschränkter Freiheit aufwachsen. Doch hindert diese Freiheit – wie die meisten der frühen Berichterstatter notieren – Kinder in keiner Weise daran, schon früh eine Form der Reife zu erlangen, die sich durch diszipliniertes Verhalten auszeichnet.

In den vierziger und fünfziger Jahren des 20. Jahrhunderts gründeten Missionare in der Arktis und Subarktis Schulen für Jungen und Mädchen. Sie hatten einen festen Standort, und die Schulordnung war autoritär. Viele der heute Erwachsenen können sich daran erinnern, geschlagen oder auf andere Weise bestraft worden zu sein, und dies mit irritierender Strenge, wenn sie in ihrer Muttersprache redeten. Viele erinnern sich an die absolute Verzweiflung, die sie befiel, als sie von ihren Familien getrennt wurden und ihre Heimat jedes Jahr für neun Monate verlassen mußten. In den fünfziger und sechziger Jahren richtete die kanadische Regierung in den nördlichen Niederlassungen ein paar feste und viele Tagesschulen ein. Hunderte von Inuit- und Indianerfamilien verließen ihre Camps in den Wäldern oder paßten ihren jährlichen Aktivitätenzyklus an, damit sie nicht von ihren Kindern getrennt wurden. Anfang der siebziger Jahre besuchte praktisch schon jedes Kind im Norden eine Schule mit Englisch als Unterrichtssprache und einem Lehrplan nach dem Muster des im Süden Kanadas üblichen Grundschulsystems. Ein paar Wochenstunden „kultureller Integration" waren die Ausnahme: dann unterrichteten einige Ältere, wie man Schlitten baute oder Boote zusammennähte, oder sie erzählten Geschichten.

Auch heute noch erhalten Inuit-Babies ihren atiq wenige Tage nach der Geburt. Dene- und Cree-Kinder werden untersucht, getragen von der Hoffnung, man könne die Person identifizieren, die in ihnen zurückgekehrt ist. Bei den Inuit und den meisten Athapasken- und Algonkin-Gruppen sprechen junge Eltern, die durchs kanadische Schulsystem gegangen sind, mit ihren Kindern dennoch in ihrer eigenen Sprache. Eine funktionale Zweisprachigkeit ist im hohen Norden weit verbreitet. In der westlichen Subarktis allerdings haben die Erziehungsbemühungen der Missionare und Behörden ihren Tribut gefordert: manche jungen Erwachsenen sind nicht mehr in der Lage oder willens, ihre eigene Sprache zu sprechen, und ihre Kinder werden nur noch mit Englisch groß. Gleichzeitig sind es gerade junge Leute, die ihre Erfahrungen mit den fordernden Kräften des Wandels gemacht haben, die die Absichten des kanadischen Südens und der Regierung am klarsten durchschauen und den artikuliertesten Widerstand dagegensetzen.

In vielen Teilen des kanadischen Nordens wird die bittere Ironie der modernen Eltern-Kind-Beziehungen offenkundig: ein Generationskonflikt, der den Verlust des elterlichen Einflusses auf die Kinder genau zu dem Zeitpunkt markiert, da die Eltern auf die neugewonnenen Fähigkeiten ihrer Kinder am meisten angewiesen sind – Geschicklichkeiten, von denen die Älteren den Schutz der Gesellschaft nach ihren Prinzipien erwarten. Viele sagen heute, sie hätten von der Schule durchaus profitiert, und daß sie ohne Englischkenntnisse und Erfahrungen mit der Kultur des Südens völlig unfähig wären, sich einem Wandel entgegenzustellen, der ihre Lebensweise untergräbt. Diskontinuität wird als Preis für Kontinuität akzeptiert. Für Menschen, die ihre Kinder mit solcher Hingabe lieben und sie mit einem Respekt behandeln, der auf so vielen grundlegenden Seinsvorstellungen beruht, ist es auch heute noch ein schrecklicher Preis, den sie dafür zu bezahlen haben.

KAPITEL 9

Sprache

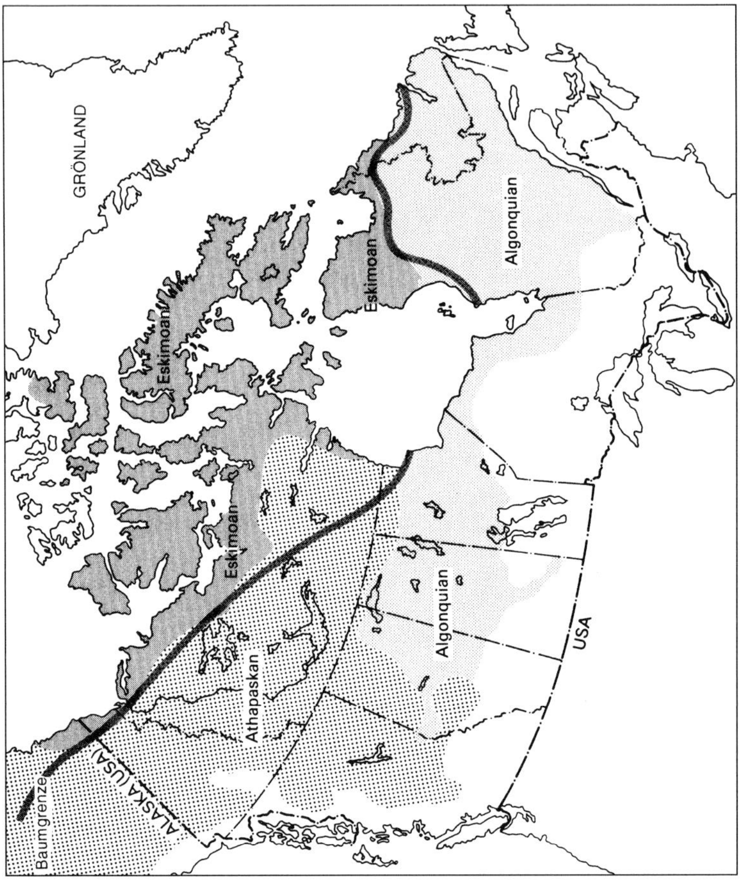

6. Sprachfamilien des kanadischen Nordens

Drei Sprachfamilien sind im kanadischen Norden vertreten. Es sind das Eskimoische, das von den Inuit gesprochen wird, das Athapaskische, das von den Dene gesprochen wird, und das Algonkin, das von den Cree, Naskapi und Montagnais gesprochen wird. Diese drei Sprachgruppen haben sehr wenig gemein: in ihrer Struktur und ihrem Wortschatz sind sie so verschieden wie Englisch, Ungarisch und Kantonesisch. Sprachwissenschaftler unterteilen das Algonkin in zwei Dialektgruppen, Cree und Ojibwa, deren Unterschiede überraschend gering ausfallen. Die athapaskische Sprachfamilie hingegen umfaßt dreiundzwanzig verschiedene Einzelsprachen. Die Eskimosprache ist Teil der größeren Eskimo-Aleutisch-Sprachgruppe. Eskimoisch kann in Yupik, das drei Sprachen umfaßt, und Inuktitut-Inupiaq, ein über Kanada verbreitetes Sprachkontinuum von etwa sechs Dialekten, unterteilt werden.

Inuk ist das Eskimo-Wort für eine Person. Es gibt zwei Pluralformen: inuuk, zwei Personen, und inuit, drei oder mehr Personen. Inuit ist die Eigenbezeichnung der Eskimo und wird meistens (allerdings ziemlich irreführend) mit „menschliche Wesen" oder „echte Leute" übersetzt. Inuktitut ist das Inuit-Wort für ihre Sprache und besteht aus der Wurzel inuk, „eine Person", und dem Affix titut, „in der Art von".

Dieses anscheinend so einfache Wort hat seine speziellen kulturellen Implikationen. Die Inuit verwenden es, wenn sie zum Ausdruck bringen wollen, wie sie sprechen; es bezieht sich aber auch auf die Art, wie sie etwas tun. Jemand kann auf inuktitut sprechen, jagen, gehen, essen, schlafen, Kinder aufziehen, tanzen und sogar lächeln. Alles was die Inuit tun, zeigt sich in der Weise ihres Tuns. Eine ausgeprägte Identität hängt ebenso sehr mit den Details des Alltagslebens wie mit dem Gebrauch der Sprache zusammen.

Das Inuktitut kennt keine Geschlechter, keine besonderen grammatikalischen Endungen, die zwischen er, sie und es unterscheiden. Sie können natürlich durch Vorsilben angezeigt werden; daß diese bei Substantiven und Verben fehlen, ist ein Hinweis auf die Gleichheit menschlicher Wesen. Nicht einmal die Personennamen sind im Inuktitut geschlechtsspezifisch: es gibt keine Jungen- und davon geschiedene Mädchennamen.

Andererseits trifft das Inuktitut eine Vielzahl präziser Unterscheidungen, wenn es um die Beschreibung des Raums geht. Dort, über jemands Augenhöhe und sichtbar; dort, unter Augenhöhe und nicht sichtbar; dort, über Augenhöhe und nicht sichtbar; dort, dir nahe und sichtbar; diese dort; jene dort. Eine vollständige Liste aller genauen Begriffe, die es erlauben, Objekte im Raum zu lokalisieren, wäre extrem lang.

Ursprünglich hatte das Inuktitut keine Vokabeln für „danke", „hallo" oder „auf Wiedersehen". Solchen Ausdrücken liegt eine Mischung aus Posieren und Aufdringlichkeit zugrunde, die sich mit den Idealen nördlicher Jäger von zwischenmenschlichem Verhalten nicht verträgt. Neuankömmlinge im hohen Norden sind oft verblüfft, wenn sie erleben, wie

Inuit-Männer und -Frauen ohne irgendwelche sprachliche Formalitäten einander Besuche abstatten und wieder weggehen. Darin spiegelt sich in der Tat die beharrliche Anerkennung des Rechts, das zu tun, was man tun möchte, ohne sich wiederholt in die Angelegenheiten anderer einzumischen. Unter dem Druck weißer Gewohnheiten mußte das Inuktitut eine Entsprechung für eine Allerweltsfrage der Art „Wie geht es Ihnen?" finden. Das Wort quanuippit? ist die am weitesten verbreitete Lösung. Es bedeutet: „Was ist schief gelaufen für dich?" Um die Frage stellen zu können, bedarf es für die Inuit des Nachweises tatsächlicher Schwierigkeiten.*

Es gibt zwei Möglichkeiten im Inuktitut, vielleicht zu sagen. Die eine, imaqa, bedeutet eigentlich „wahrscheinlich nicht". Die andere, das Infix – qu-, bedeutet „wahrscheinlich". Inuit geben nur selten bedeutsame Erklärungen – vor allem über die Jagd und ihr ständiges In-Bewegung-Sein – ab, ohne einen der beiden Ausdrücke zu benutzen. Personen, die mit europäischen Gewißheiten und entsprechendem Planungsdenken groß geworden sind, haben Schwierigkeiten, diesen unterschiedlichen Gebrauch von „vielleicht" richtig zu verstehen. Aber die beiden Wege, das Mögliche auszudrücken, sprechen Bände über das Denken dieser Jäger.

Entscheidend für die sprachliche Struktur des Inuktitut sind die In- oder Affixe, mit denen die Stammwörter erweitert werden. Es ist eine in hohem Maße agglutinierende Sprache: ganze Sätze können mittels einer Wurzel gebildet werden, an die man eine Reihe von Affixen hängt. So können die Inuit den Satz „Er durfte keine Karibus jagen" mit einem einzigen Wort, tuttusiurqujaulaungituq, ausdrücken.** Wer an einer kor-

* Die Athapasken haben das Wort marsai aus dem Französischen – merci – entlehnt.

** Das Wort setzt sich zusammen aus: tuttu „Karibu", siur „jagen", qu „instruieren; zulassen", jou – Passivindikator, lau – Vergangenheitsindikator, ngi „nicht der Fall, daß", tuq „er, sie, es".
Als wichtigste Regel für die Bildung eines langen, satzähnlichen Wortes gilt, daß ein Affix alles modifiziert, was ihm vorausgeht. Dies entspricht weitgehend der Verwendung von Klammern in der Mathematik oder formalen Logik: ein Inuktitut-Wort, dessen Wurzel x durch a, d und j modifiziert wird und den Aufbau xadj hat, würde für das logische Verhältnis der Zeichen die mathematische Notation j (d [a {x}]) erhalten, d.h. j modifiziert alles innerhalb der runden, d alles innerhalb der eckigen und a alles innerhalb der geschweiften Klammern, nämlich die Wurzel x. In obigem Beispielwort modifiziert die Verneinung ngi alles, was ihr vorangeht, und nicht nur den Vergangenheitsindikator lau. Folglich stellt das Pronomen oder Personalaffix gewöhnlich das letzte Wortelement dar.

rekten Aussprache interessiert ist, sollte unbedingt wissen, daß q für ein kurzes, gutturales k steht; versuchen Sie, das Wort „Kuh“ hinten in der Kehle zu beginnen. In einigen Dialekten der östlichen Arktis gibt es zwei weitere Laute, die Europäern Probleme bereiten: ein frikatives l, das jedem vertraut sein müßte, der einmal versucht, walisische Namen auszusprechen, die mit ll beginnen; und ein gerundeter r-Laut, der klingt, als wolle man r und dsch gleichzeitig aussprechen. Von diesen ungewohnten Konsonanten abgesehen ist die Aussprache des Inuktitut für einen Europäer leicht zu erlernen. Manchmal machen Inuit selbst die Beobachtung, daß Sprecher des Französischen oder des Deutschen wenig Probleme mit dem Lautbestand des Inuktitut haben.*

Ein Merkmal des Inuktitut ist seine Regelmäßigkeit. Aus der Kombination von präziser Agglutination und klaren logischen Prinzipien ergibt sich zudem eine bemerkenswerte Fähigkeit, mit neuen Konzepten und Begriffen umzugehen. Sobald ein Fremd- oder Lehnwort eine Inuktitut-Endung erhält, kann es nach den Regeln des Inuktitut dekliniert, konjugiert und modifiziert werden.

Der Wortschatz der modernen Inuktitut-Dialekte läßt Rückschlüsse auf Entlehnungen aus anderen Sprachen zu. In Labrador beispielsweise waren deutschsprachige Missionare der Herrnhuter Brüdergemeinde die ersten, die die Sprache der Inuit beeinflußten; viele Inuktitut-Lehnwörter stammen offenkundig aus dem Deutschen. Dazu gehören die Wörter für „Woche“ (wurik), „Jahr“ (jaarik), die Art der Zeitbestimmung und einige Zahlwörter (ainsili, tsuvailik, turai von „eins“, „zwei“, „drei“). In diesen Fällen übernahmen die Labrador-Inuit die deutschen Formen von Wörtern, die im Inuktitut bereits existierten; heutige Labrador-Inuit benutzen beide Formen. In anderen Fällen brauchte es neue Wörter für neue Dinge, und so wurden Lehnwörter aus dem Deutschen übernommen und dem Labrador-Dialekt angepaßt. Ein Beispiel dafür ist kartupalak, von dem deutschen Wort „Kartoffel“. In den meisten Dialekten stammen diese Entlehnungen aus dem Englischen; so finden wir u.a.

* Das Algonkin bereitet Europäern nur geringe Ausspracheprobleme, wohingegen das Athapaskische, sowohl was Aussprache und Grammatik anbelangt, für Sprecher europäischer Sprachen eine extreme Herausforderung darstellt. Der Athapaskanist James Kari hat sich dahingehend geäußert, daß mindestens zehn Jahre vonnöten seien, um sich in einer beliebigen athapaskischen Sprache ausreichende Sprachfertigkeit anzueignen.

tii („Tee“, von tea), kaapi („Kaffee“, von coffee) und palauga („Mehl“, von flour). Die ausgefeilten Agglutinierungsmöglichkeiten erfüllen auch den Zweck, mehrere Inuktitut-Wörter miteinander zu kombinieren, um neue Wörter zu bilden. Viele gehen auf den frühen Kontakt mit Fremden zurück, andere hingegen sind jüngeren Ursprungs. Zu den älteren Wörtern gehören:

niaquujak (einem Kopf ähnlich)	Brot
qianattuq (verursacht Tränen)	Zwiebel
naitingujarvik (Zeit ähnlich der Tabubefolgung)	Sonntag
kiinaujak (einem Gesicht ähnlich)	Geld
imuksiulik (Ding für Milch)	Kuh
kuviasukvik (Glück [Ereignis oder Ort])	Weihnachten

Neuere Wörter sind u.a.:

nunakuurutik (Gerät, um sich auf Land zu bewegen)	Auto
qangatasuuk (fliegt ausdauernd hoch)	Flugzeug
irqiasulaaktigijutik (Gerät, das Locken macht)	Lockenwickler
mamaksautik (Ding, das schmackhaft macht)	(a)Parfüm(Ungava) (b)Ketschup(N.Baffin)
ujaraksiurvik (Ort, um Steine zu suchen)	Bergwerk
uksualuk (außergewöhnlicher Speck))	Petroleum/Öl
uksualungniartik (paßt auf großartigen Speck auf)	Ölgesellschaft
inulirijik (einer, der sich um Menschen kümmert)	nördl. Verwaltungsbeamter
aijuksakturlirijik (einer, der Leuten hilft, die vielleicht in Schwierigkeiten sind)	Fürsorger/Sozialarbeiter

Die Sprachen der nördlichen Jäger sind reich und präzise. Da man sich nicht auf schriftliche Texte berufen kann, legt man beim Sprechen großen Wert darauf, sich zu vergewissern, daß die genaue Bedeutung des Gesagten verstanden wird. Wie in allen oralen Kulturen sind die Konventionen des Zuhörens nicht weniger rigoros als jene, die Sprechstile ausbilden. Jemand, der eine Geschichte erzählt oder sich über ein Ereignis ausläßt, kann damit rechnen, nicht unterbrochen zu werden. Das hat zur Folge, daß die gesprochene Sprache langsam und sondierend ist, daß häufig abgeschweift wird und daß Verlegenheitslaute wie äh! fast gar

Wir nahmen ein paar Kinder zum Campen mit. Als wir ihnen auftrugen, etwas Brennholz zu holen, fällten sie lebende Bäume, anstatt totes Holz abzuschneiden.Sie verstanden das Wort für trockenes Holz nicht ...
Einige unserer Kinder lernen Französisch in der Schule; andere lernen Englisch. Vielleicht ist das gut. Wenn sie miteinander sprechen wollen, werden sie weiterhin Inuktitut sprechen müssen.
Peter Morgan
George River

Ich sagte dem Jungen, iglaisillutit, entwirre die Leinen des Hundegespanns. Er starrte mich an. Er sagte, er habe keinen Kamm dabei. Er glaubte, ich hätte ihn gebeten, sich die Haare zu kämmen. Es ist das gleiche Wort. Er hatte seine wirkliche Bedeutung nicht gelernt.
Isaac Amituq
Sanikiluaq

Jemand stirbt, und der Name geht an ein Baby über, egal ob es ein Junge oder Mädchen ist.
Catherine Arnatisiaq
Igloolik

nicht zu hören sind. Auch wird jeder, der aus einer europäischen Sprachtradition stammt, nicht umhin können, die Sprechweise nördlicher Jäger zu bestaunen, die ohne unterstützende Gestik auskommen, um Bedeutungen und Stimmungen hervorzuheben oder zu reflektieren. Von der Sprache kann man erwarten, daß sie ihre Sache gut macht.

Ein gemeinsames Merkmal aller drei Sprachgruppen ist das Fehlen generischer Begriffe. So gibt es im Inuktitut beispielsweise weder ein Wort für „Robbe" noch für „Fisch". Ein Sprecher muß jeweils die besondere Art identifizieren. In ähnlicher Weise kennen die athapaskischen Sprachen kein Wort für Waldhuhn; ein Jäger muß anmerken, welche der verschiedenen Arten von Waldhühnern er (oder sie) meint.

Die Besonderheit der Sprache ist ein nützlicher Hinweis darauf, was Sprachverlust bedeuten kann. Unter eurokanadischem Einfluß hat sich bei den heutigen Inuit das Wort iqaluk, das eigentlich den Arktischen Saibling bezeichnet, für „Fisch" eingebürgert. Ähnlich ist der Gebrauch des englischen Wortes chicken (Huhn) bei vielen nördlichen Athapasken für alle Arten von Waldhühnern. So bedienen sich Englisch sprechende Dunne-za des Wortes chicken (Huhn), während sie in ihrer eigenen Sprache zwischen Kanadischem Rebhuhn, Haselhuhn und Spitzschwanzhuhn (ch'idjo, chicha und chis'konste) unterscheiden. Viele weiße Nordländer benutzen das Wort für Ringelrobbe, natiq, wenn sie generell Robbe oder Seehund meinen. Und Englisch sprechende Inuit reden von „seals" (Robben), während im Inuktitut von natiq (Ringelrobbe), kairulik (Sattelrobbe), ujjuk (Bartrobbe) oder qasigiak (Gemeinem Seehund) unterschieden wird. Vermutlich hat ein Dunne-za, der nur Englisch spricht, anstatt der verschiedenen Waldhuhnarten auch nur Haushühner vor Augen. Sprachverlust kann nicht nur zu einem Wissensrückgang führen, sondern auch zur Verarmung des Beobachteten – der Erfahrung selbst!

Es heißt oft, die Sprachen sogenannter Stammesvölker seien primitiv. In Wirklichkeit sind die Grammatiken isolierter Sprachen nicht selten reicher als solche, die einer äußeren Beeinflussung ausgesetzt waren. Wo sich Grammatiken begegnen, ist das Ergebnis oft eine grammatikalische Vereinfachung. So gibt es im Inuktitut zwei Mehrzahlformen, einen Dual und einen darüber hinaus geltenden Plural. Inuit, die Englisch sprechen und mit der einfacheren Unterteilung in Singular und Plural vertraut

ᐱᐅᓚᔪᐅᓯᒪᖕᒋᑐᑦ
ᐃᒪᖅᓯᒪᔭᑎᑐᑦ-ᐃᐳᑦ

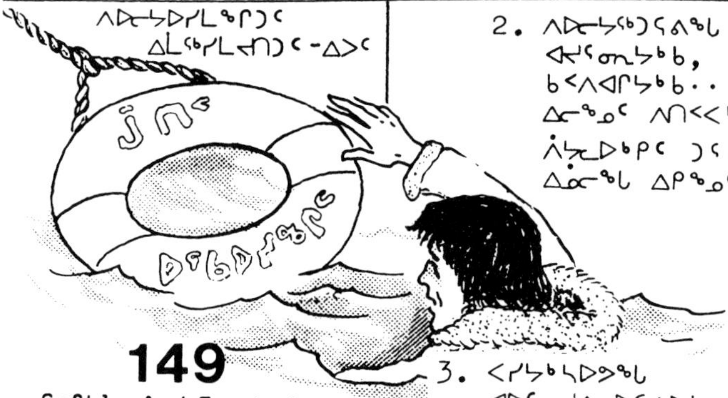

149

Softly And Tenderly

1. ᓇᒃᑕᒍᓱᒃᓗᓂ ᑮᕐᑯᓯᑕᖅᐳᖅ
ᐃᑕᖕᓂᒃ ᐅᕙᒪᓂᒃᓗ,
ᑭᓄᐃᖅᓵᕐᓗᓂ ᐅᑕᕐᑭᑕᖅᐳᖅ
ᐃᑕᖕᓂᒃ ᐅᕙᒪᓂᒃᓗ.

2. ᐱᐅᓚᔪᖅᑐᕆᕕᖕᒐ
ᐊᔪᕐᓂᓇᔪᒃᑲ,
ᑲᑉᐱᐊᒋᔪᒃᑲ..
ᐃᑕᖕᖑᑦ ᐱᑎᐸᐸᒃᑲ..
ᐲᓴᓚᐅᒃᑭᑦ ᑐᕐᑯᖕᖑᑦ
ᐃᓈᖕᒐ ᐃᑭᖕᖑᑦ.

3. ᐸᓯᔪᒃᓴᐅᒍᖕᒐ
ᐊᐅᑦ ᑯᕕᓚᐅᕆᕕᐅᒃ,
ᐆᒧᖕᒐ ᐃᕐᕈᕐᒥᖕᒐ..
ᒪᓂᒍᕈᒃ ᐃᓗᒐ..
ᐊᔪᕐᓂᒃᑲ ᑕᒣᑕ
ᐃᕐᑲᐅᒪᔾᖕᓃᕐᓗᒋᑦ.

sind, vergessen leicht die duale Form des Inuktitut. Und wir haben bereits gesehen, daß Vokabularreichtum durch innovative Vereinfachungen zunichte gemacht werden kann.

Ein populärer Vorwurf gegen indigene Sprachen, der sich größerer Hartnäckigkeit erfreut, ist der ihrer übermäßigen Konkretheit, daß sie mit abstrakten Ideen nichts anzufangen wissen und daß die Sprecher dieser Sprachen nicht in der Lage sind, an Debatten über die Zukunft ihrer Territorien und Gesellschaften teilzunehmen. Im Inuktitut lassen sich jedoch Abstraktionen mit großer Leichtigkeit bilden. Nach einer Verbal- oder Nominalform eingefügt, bildet das Infix na eine Wortkategorie, die „Zustand, Veranlagung, Eigenschaft" impliziert, vergleichbar deutschen Wörtern auf „-heit" oder „-keit" oder einem sogenannten „Ismus". So bedeutet das Inuktitut-Wort anniatuq „es schmerzt"; anniarnattuq bedeutet „schmerzhaft". Das ist eine einfache und übersetzbare Abstraktion. Aber unter Verwendung des gleichen Infixes kann das Wort für das „Tragen eines Hemdes", uvinurutuq, in ein abstraktes Konzept, uvinurunattuq, verwandelt werden, dessen Bedeutung – in etwa „Vorliebe oder Disposition für Hemden" – im Deutschen nur schwer wiederzugeben ist. Die hier bestehende Übersetzungsschwierigkeit spiegelt jedoch in keiner Weise ein Problem für Inuktitut-Sprecher wider; die durch na gebildete Abstraktion wäre für sie automatisch verständlich. Wenn bestimmte Begriffe im Inuktitut fehlen, dann deshalb, weil sie bislang noch nicht geprägt worden sind. Relativismus ist nicht schwieriger ins Inuktitut zu übersetzen als Känguruh: noch ist es nicht geschehen, aber beide Wörter könnten Teil der Sprache werden.

Missionare schufen für die Inuit eine Orthografie, indem sie ein im späten neunzehnten Jahrhundert für nördliche Algonkin-Gruppen entworfenes Schriftsystem zur Übertragung der Bibel zur Grundlage nahmen. Die Inuit-Schrift wird mit Silbenzeichen geschrieben, die leicht zu lernen, aber sehr ungenau und daher nur für Personen von Nutzen sind, die die Sprache bereits mehr oder weniger fließend sprechen. Nichtsdestoweniger verbreitete sich die Kenntnis der Silbenzeichen schnell über den östlichen Teil der kanadischen Arktis, wo isolierte Gemeinschaften sie von ihren Nachbarn im Süden übernahmen. Manche Inuit waren daher bereits des Lesens und Schreibens kundig, bevor auch nur ein einziger weißer Missionar bis zu ihnen vorgedrungen war.

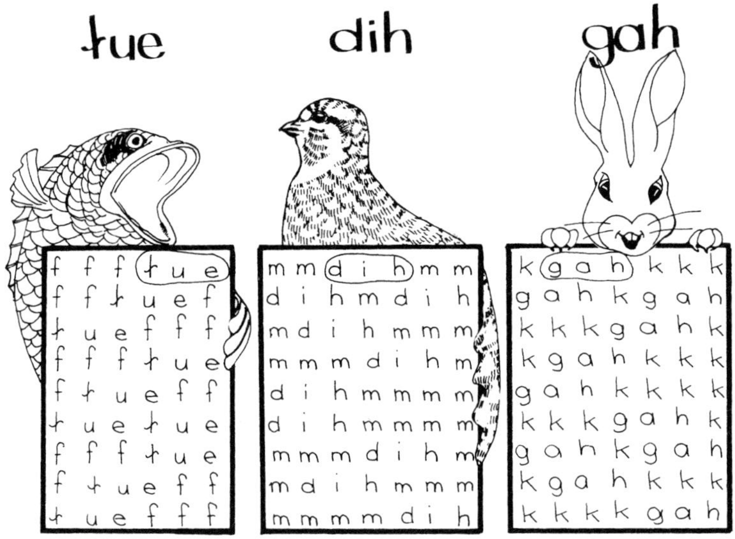
łue
dih
gah
f f f ł u e
f f ł u e f
ł u e f f f
f f f ł u e
f ł u e f f
ł u e ł u e
f f f ł u e
f ł u e f f
ł u e f f f
m m d i h m m
d i h m d i h
m d i h m m m
m m m d i h m
d i h m m m m
d i h m m m m
m m m d i h m
m d i h m m m
m m m m d i h
k g a h k k k
g a h k g a h
k k k g a h k
k g a h k k k
g a h k k k k
k k k g a h k
g a h k g a h
k g a h k k k
k k k k g a h

In den Anfangstagen der dänischen Verwaltung auf Grönland benutzte man für die Sprache der dort lebenden Eskimo eine lateinische Orthografie, und in Sibirien hat man in den zwanziger Jahren für das Yuit, die Sprache der ostsibirischen Eskimo, zunächst eine kyrillische, dann eine lateinische Rechtschreibung entwickelt. In der kanadischen Arktis beschränkte sich das Schrifttum, das den Inuit noch in den sechziger Jahren zur Verfügung stand, auf Teile der Bibel, ein allgemeines Gebetbuch und eine kleine Zahl von Regierungsverlautbarungen, in denen diverse soziale Hilfsprogramme erläutert wurden.

Die Missionen vielleicht ausgenommen, waren es die Kolonialbehörden, die im ganzen Norden für die Verbreitung des Englischen sorgten. Wer einheimische Sprachen lernt, hat in der Regel einen speziellen Grund dafür: er will Veränderungen herbeiführen, um die Menschen wieder mehr ihrem wahren Selbst näherzubringen. Allerdings würden die meisten Weißen aus dem Süden, die in neuerer Zeit in den Norden kommen, nicht im Traum daran denken, eine einheimische Sprache zu lernen. Stattdessen hat sich neuerdings in Ämtern und Dienststellen weitgehend die Überzeugung durchgesetzt, eines Tages würden alle Völker des Nordens Englisch sprechen, auch wenn es dazu noch einiger Zeit und Mühe bedürfe. Die Haltung lokalen Sprachen gegenüber ist ein wichtiges Indiz dafür, wie Kulturen einander sehen. In Kanada zeigt sich dies in der Knappheit verfügbaren Textmaterials. Auch der Vergleich mit anderen Ländern ist aufschlußreich. So wurde beispielsweise Literatur des 19. Jahrhunderts – darunter Klassiker wie „Jane Eyre" – ins grönländische Eskimo übersetzt. Und in der Sprache der sibirischen Eskimo waren 1966 58 Bücher in mehr als 56 000 Ausgaben greifbar. Dazu gehörte auch ein mathematisches Lehrbuch für die Mittelstufe.

Der sibirische und der grönländische Befund zeigen, daß arktische Sprachen in ihren Möglichkeiten keineswegs so begrenzt sind, um ihre Ersetzung durch das Englische zu rechtfertigen. Wenn in Kanada die Versorgung mit schriftlichen Arbeitsmaterialien so langsam vorankommt, so sind das die Folgen starker und in breiter Front wirksamer politischer Kräfte. In den Augen vieler war Englisch die Sprache der Zivilisation; anderen galt es als Hilfsmittel zur Durchsetzung der Verwaltung. Dennoch haben sich die nördlichen Jägervölker um die Erhaltung

ihrer Sprachen bemüht und sie vielfach neuen Zwecken und Aufgaben anzupassen gewußt. So bestanden die Dene des Mackenzie-Tals bei den Verhandlungen um die von ihnen erstmals geltend gemachten Landansprüche darauf, bei allen Sitzungen eine Gruppe von Ältesten als Berater dabeizuhaben, die nur Athapaskisch sprachen. In den Nordwest-Territorien ist neuerdings eine gewählte Regierung an die Stelle einer [von Ottawa] ernannten getreten; plötzlich fanden sich die Inuit und Dene in der Position der dominierenden Mehrheit wieder. Sie setzten auf der Stelle ein radikales Übersetzungsprogramm in Kraft, das, angefangen bei der territorialen Ratsversammlung, für die gesamten Nordwest-Territorien verbindlich wurde. Und sie setzten sich für eine Bildungspolitik ein, wonach in den ersten drei Schulklassen der Unterricht in den Dene-Dörfern in der einheimischen Sprache zu führen sei.

Derartige Programme lieferten den Nachweis, daß auch die Sprachen der nördlichen Athapasken geschrieben werden können und somit einen Platz haben in der modernen Literatur und den Lehrplänen von Schulen. Mit wenigstens 40 Konsonanten, 9 Vokalen und 3 Tonhöhen (Hoch-, Niedrig- und steigender Ton) erwecken diese Sprachen aufs erste den Eindruck, als würden sie sich den vereinfachten Orthografiesystemen und Fertigkeiten europäischer Sprecher verweigern. Aber in Alaska, im Yukon-Territorium und in den Nordwest-Territorien sind Schriftsysteme für derartige Sprachen entwickelt worden, so daß in den achtziger Jahren bereits die ersten Bücher veröffentlicht und im Schulunterricht verwendet werden konnten.* Ein Dene-Lehrer in Rae Edzo in der westlichen Arktis stellte fest, daß Dene-Kinder sehr viel schneller schreiben lernten, wenn es ihnen in ihrer Muttersprache beigebracht wurde. Die eingeschränkten Möglichkeiten nördlicher Sprachen, von denen ständig die Rede ist, sind also nichts anderes als ein Indiz äußerer Zwänge; die Sprachen selbst besitzen die gleichen Möglichkeiten wie alle anderen Sprachen auch – wobei sie auf die Gegebenheiten des Nordens bestens abgestimmt sind und über überlegene Ausdrucksfähigkeiten verfügen. In nahezu 80 Prozent aller Inuit-Familien ist Inuktitut die vorrangige Sprache geblieben. Bei den Naskapi ist der Prozentsatz der Muttersprachigen sogar noch höher. Bei Athapasken und Cree aller-

* Siehe einige dieser Titel in der Bibliografie.

dings ist er niedriger und variiert regional beträchtlich. Aber in praktisch allen nördlichen Gemeinschaften haben die einheimischen Sprachen einen starken Rückhalt.

Dennoch sind diese nördlichen Idiome durchweg starkem Druck ausgesetzt. Schulunterricht findet auch weiterhin vorwiegend auf Englisch statt. Im arktischen Teil von Québec gibt es einige wenige Dörfer mit französisch-sprachigen Schulen. Die Ausbildung Ortsansässiger zu Lehrern und der Einsatz von Hilfskräften, die sich mit den Schulkindern in deren Sprache verständigen können, sind fester Bestandteil eines nördlichen Bildungsprogramms. Aber eben nur ein kleiner Teil. Nördliche und südliche Lehrpläne aufeinander abzustimmen, bleibt das Ziel aller kanadischen Bildungspolitik. Für die speziellen Erfordernisse der subarktischen und arktischen Region ist allerdings nur wenig Platz in den Planungen für ein allgemeines Schulsystem im Norden. Wissen und Selbstvertrauen, die Stärken von Menschen, die in ihrer Sprache zu Hause sind, stehen nach wie vor auf dem Spiel.

KAPITEL 10

„Tradition“

Leben die Inuit in Schneehäusern? Fahren sie mit Schlittenhunden? Jagen sie Seehunde mit Harpunen? Ziehen sie, in einem Zyklus jahreszeitlicher Aktivitäten, von einem Lagerplatz zum anderen? Trocknen sie Fisch in der Sonne? Bereiten sie igunaaq zu, Fleisch, das „riecht“? Tragen sie Kleidung aus Karibuhäuten? Wenn sie vom Wetter sprechen, reden sie dann von Silas, des Luftgeistes, Gegenwart? Folgen die Dene den Elchspuren zu Fuß durch die Wälder? Verwenden sie Schlingen und Schlagfallen? Hängen sie in ihren Glaubensvorstellungen einer schamanistischen Spiritualität an? Sind sie der Ansicht, daß die Bisamratte eine wesentliche Rolle bei der Schaffung der Erde gespielt hat? Folgen die Naskapi den Karibuherden weit ins Landesinnere? Träumen sie sich ihren Weg durch die Zeit? Reisen sie in ihren Träumen? Haben sie sommerliche Sammelplätze? Brechen die Cree alljährlich im Winter zu ihren Stellgründen auf? Sind sie, unterwegs in der Wildnis, auf Schneeschuhe angewiesen? Errichten sie jedes Jahr Jagdhütten und schlafen auf Fichtenzweigen? Stellen sie Arzneien aus Kräutern und Wurzeln her? Setzen sie die Kraft der Medizinen als spirituelle Hilfe ein? Bringen sie Biberfallen unter dem Eis an? Präparieren die Innu Häute auf Spannrahmen und Spannbrettern? Sind sie vom Pelzhandel abhängig? Tragen sie Mokassins? Bereiten sie alljährlich im Herbst Trockenfleisch zu, um für die kommende Zeit einen Vorrat an konzentriertem Eiweiß zu haben? Gelten Kinder als wiedergeborene erwachsene Vorfahren?

Die einfache Antwort auf all diese Fragen ist ja.

Leben die Jäger des Nordens in vorfabrizierten Häusern, die von der kanadischen Regierung zur Verfügung gestellt werden? Leben sie in Siedlungen, wo kaum eine Nische ihrer Existenz nicht von den sozialen Dienstleistungen und dem Verwaltungsapparat des Staates erfaßt werden? Sind sie häufig betrunken? Sprechen Sie Englisch? Arbeiten die Männer als Lohnarbeiter für die Erdöl- und Erdgasindustrie? Gehen die Leute in die Kirche? Besuchen die Jäger ihre Jagdgründe auf Schneemobilen? Verwenden sie Hochleistungsgewehre mit Zielfernrohren? Besitzen die Inuit Kühlschränke? Haben die Innu Fernsehen? Haben die

Cree Stereoanlagen? Fahren die Dene Pickup-Lastwagen? Tragen die Naskapi Jeans? Sind die Jugendlichen durcheinander und voller Zorn? Sind die nördlichen Jägervölker von Bargeld und lokalen Supermärkten abhängig? Suchen sie medizinische Hilfe bei Ärzten aus dem Süden und bei Medikamenten? Erhalten die Alten eine staatliche Pension?

Die einfache Antwort auf all diese Fragen ist ja.

Aber wie können sie gleichermaßen Hundeschlitten und Schneemobile benutzen? Wie können sie sowohl in Schneehäusern als auch in vorfabrizierten Bungalows leben? Wie können sie von Harpune und Gewehr abhängig sein? Wie können sie einerseits schamanistischen Vorstellungen anhängen und andererseits Christen sein? Wie können sie zu ein und derselben Zeit in Vergangenheit und Gegenwart existieren?

Angesichts dieser Unstimmigkeiten fällt es uns nur zu leicht, ein ungläubiges Gesicht zu machen oder gar Unmut zu äußern. Diskussion und Meinungen über indigene Völker haben rein äußerlich sehr viel mit unserer vorgeprägten Auffassung von Tradition zu tun, aber auch mit der Ansicht, daß die richtige und nicht in Frage zu stellende Entwicklung menschlicher Gesellschaften vom Einfachen zum Komplexen, von primitiver Glückseligkeit und Armut zu moderner Entfremdung und Reichtum führt. Das traditionelle Leben verliert seine Stärke, sein ureigenstes Wesen, sobald es von der Moderne vergewaltigt wird und zu Schaden kommt. Wir verspüren große Enttäuschung, wenn sich die vermeintlich waschechten Traditionalisten als Lastwagenfahrer herausstellen. Gleichzeitig hören wir dieselben Personen laut über Sonderrechte reden. Sie scheinen mit der kanadischen Verwaltung und dem Schulwesen nicht zufrieden zu sein; sie verlangen Lizenzabgaben von den Bergbaubetrieben; sie wollen gesicherte Einkünfte für Jäger. Wenn sie bloß – und mit ihnen die ganze Dritte Welt – rasch modernisiert würden, ließen sich ihre Probleme gewiß lösen. Meinen wir. Warum können sie sich nicht zwischen Tradition und Moderne entscheiden? Entweder sie leben so wie wir und nehmen ihren unauffälligen Platz im allgemeinen Schmelztiegel ein, oder sie ziehen sich, wie es wahren Ureinwohnern angemessen ist, auf Reservatsland zurück.

Dementsprechend zwingen wir die indigenen Völker zu einer moralischen Entscheidung. Wir gestehen ihnen die Wahl zwischen zwei Kategorien, traditionell oder modern, zu. Für eins von beiden müssen sie sich

entscheiden. Wir diskreditieren sie mit einer Frage, die bereits eine Zumutung ist: Gehört ihr der Vergangenheit oder der Gegenwart an? Jäger, die Schußwaffen benutzen, müssen sich von romantischen Puristen verspotten lassen, die die Ansicht vertreten, nur wer mit Pfeil und Bogen oder Harpune jage, sei ein richtiger Jäger. Andere wiederum, die bei ihrer .30/30 bleiben, so abgenutzt und mitgenommen sie auch sein mag, trifft Verachtung, weil sie die Vorteile eines Zielfernrohrs nicht verstünden. Männer und Frauen, die Wollhosen und Daunenparkas tragen, werden dafür geschmäht, daß sie es „nicht fertigbrächten“, sich in Karibu- und Elchhäute zu hüllen. Trägt dann wirklich jemand Fellkleidung, wird auf ihn herabgesehen, er gilt als rückständig oder wird als Steinzeitmensch romantisiert. Indianer in einer Bar werden als verkommen zurückgewiesen. Ermutigen Inuit hingegen ihre Kinder, mehr Zeit draußen als in der Schule zu verbringen, heißt es gleich warnend, sie würden die großartigen Chancen der nächsten Generation gefährden. Andererseits ist die Vorstellung gang und gäbe, daß Inuit, die regelmäßig Sozialhilfe beziehen, nicht nur uns, sondern auch sich selbst betrögen.

Hier zwangsweise die Dichotomie Tradition/Moderne ins Spiel zu bringen, ist irrational. Die Menschen leben doch alle in Vergangenheit und Gegenwart. Eltern zu haben, sich um sein Zuhause zu kümmern, das Land und seine Ressourcen zu nutzen, als soziales Wesen zu existieren – dies alles macht es notwendig, daß wir mit einem Fuß fest in der Vergangenheit stehen, und das gilt auch für jene, die alles Moderne mit ausgesprochener Leidenschaft begrüßen. Menschliche Kulturen suchen grundsätzlich ihre Identität zu finden und zu bewahren. Identität aber läßt sich nur im Rückgriff auf frühere Zeiten definieren. Was wir mit der Vergangenheit zu schaffen haben, ist oft unbewußt oder symbolisch; dennoch ist es integraler Bestandteil unseres Daseins und unserer Lebensweise. Selbst in Nordamerika, wo man das Dementi der Vergangenheit manchmal zur Existenzfrage in einer zurecht so genannten „Neuen Welt“ erklärte, kann Modernität nicht einfach aus sich heraus und für sich bestehen. Alle Individuen und Gemeinschaften haben Traditionen und einen Schatz von Geschichten, auf die sie stolz sind.

Wir entscheiden nicht darüber, ob wir in der Vergangenheit oder in der Gegenwart leben werden. Wir lachen womöglich über all das altmodische Zeug, das sich in unserer eigenen Gesellschaft überlebt hat, viel-

leicht rümpfen wir auch verächtlich die Nase darüber, aber wir kritisieren einander nicht, weil wir es versäumt haben, zwischen dem Alten und dem Neuen zu wählen. Wir sehen weder uns selbst noch unsere Gesellschaft auf den Hörnern eines Dilemmas zappeln, das Tradition und Moderne gegeneinander ausspielt. Das heißt, daß wir die Jägervölker und die meisten anderen Ureinwohner nach Maßstäben beurteilen, die wir bei uns selbst nicht gelten lassen.

Warum tun wir das? Warum sind so viele Europäer und Nordamerikaner derart versessen darauf, jägerischen Kulturen eine Entscheidung aufzuzwingen, die der Wirklichkeit überhaupt nicht gerecht wird.

Bis heute zeigt sich eine Folge der industriellen Revolution darin, daß ältere Menschen verglichen mit jüngeren als weniger kompetent, ja sogar als weniger erfahren eingeschätzt werden. Neuere technologische Errungenschaften wie Mikrochips und EDV haben im städtischen Bereich einer Ansicht verstärkten Auftrieb gegeben, derzufolge die Jungen mehr verstünden als die Alten. Dies mag einen Teil der Ungeduld und der Mißverständnisse erklären, die bei einer euroamerikanischen Beurteilung von Stammeskulturen – und Jägerkulturen im besonderen – generell ins Spiel kommen: für letztere stellt das Alter, und damit die Vergangenheit, in einer Art Mischung aus Bank und Bibliothek eine für Gegenwart und Zukunft gleichermaßen lebenswichtige Quelle dar. Stadtbewohner wiederum sind sich über den Preis im klaren, den sie für die Vorteile des modernen Lebens zu zahlen haben: Luftverschmutzung, Entfremdung, Krieg. Mag sein, daß dies den Wunsch entstehen läßt, andere, nicht-städtische, „traditionelle“ Völker, sollten sich entweder so oder so entscheiden; die Vorstellung, sie könnten sich lediglich jene Modernitätsbrocken herausklauben, die ihren Absichten und Bedürfnissen entsprechen, hingegen die unangenehmen Begleiterscheinungen zurückweisen, irritiert uns. Eifersüchtig auf ihre augenscheinliche Freiheit, wollen wir sie ihnen nicht zugestehen.

Vielleicht liegt die Antwort daher in der von den euroamerikanischen Gesellschaften gemachten Erfahrung der Entfremdung. Wir spüren womöglich, daß die moderne Lebensweise unsere Spiritualität zerstört und eine Trennung von allem Wirklichen zur Folge hat. Womöglich stellen wir uns auch vor, daß in anderen Gesellschaftsformen die Beziehungen zwischen den Menschen untereinander, zwischen Mensch und Tier,

Mensch und Umwelt und zwischen Menschen und Göttern von Harmonie geprägt sind. Und vielleicht fühlen wir, daß es in indigenen Gesellschaften ein Wissen darüber gibt (oder gab), wie die lauten und zerstörerischen Geschäftigkeiten, die unsere Welt an den Rand der Selbstvernichtung gebracht haben, zu vermeiden wären. Mit derlei Nachdenklichkeiten befaßt, hätten wir in den „Stammesvölkern“ gar das Modell einer anderen, besseren Lebensweise vor Augen. Das Bewußtsein von den Versäumnissen, Fehleinschätzungen und Fehlleistungen der westlichen Kultur könnte also romantische Erwartungen hinsichtlich einer anderen Kultur wecken. Und wenn wir dann einen betrunkenen Jäger erleben, oder einen Kirchgänger, oder jemanden, der in seinem Schneemobil über das zugefrorene Meer braust, sind wir enttäuscht und indigniert. Sie sind nicht so, wie wir sie haben möchten; und sie verkörpern auch keine Form des traditionellen Lebens, die sich der Menschheit als eine Art letzter Hoffnung anbieten ließe.

Die Verwirrung um das dichotome Begriffspaar Tradition und Moderne wird auch in der Art und Weise sichtbar, in der die Völker des Nordens auf dem internationalen Kunst- und Kunsthandwerksmarkt erschienen sind. In jägerischen Gesellschaften sind Männer und Frauen gleichermaßen geschickt und einfallsreich bei der Fertigung, Ausbesserung und Verzierung von Alltagsgegenständen und Kleidungsstücken. Darüber hinaus fertigen sie Kinderspielzeug an und stellen Schnitzereien aus Stein her, die Tiere und Personen aus ihren mündlichen Überlieferungen und den Erzählungen der Schamanen wiedergeben. In den fünfziger und sechziger Jahren des 20. Jahrhunderts wurden diese Fertigkeiten zu einem Großteil eingesetzt, um Kleidung und Kunst für die Märkte des Südens zu produzieren, mit dem Ergebnis, daß die Inuit für ihre Figürchen und Drucke aus Seifenstein berühmt und die subarktischen Indianer wegen ihrer perlenbesetzten Mokassins, Fransenjacken und Puppen bekannt wurden. Die Nachfrage ging nach „primitiver“ Kunst und „traditionellem“ Kunsthandwerk, was bedeutete, daß verkaufbare Sujets sich schon bald auf solche Motive beschränkten, die in den Käufern Vorstellungen von einem Norden wachwerden ließen, wie sie ihn und seine Bewohner haben wollten. Folgerichtig erwuchs der neue Kunstmarkt aus Bildern „traditionellen“ Lebens. Zugleich aber betonen auch viele Schnitzer geradezu ängstlich ein eigenständiges Erbe, was in der wieder-

Es macht mir Spaß, im Wasser herumzuwaten und den Seehunden zuzuschauen. Ich gehe gerne auf die Jagd, wenn ich in einem schnellen Motorboot fahren kann. Ich gehe auch gerne tanzen, aber am liebsten gehe ich zum Fischen.
Katie Zarpa
Nain

Als Transportmittel auf Flüssen und Seen benutzen sie keine Kanus mit Paddeln mehr, sondern mit Außenbordmotoren. ... Alles in allem: die Indianer und Inuit haben die Lebensweise ihrer Vorfahren aufgegeben und jene der Weißen angenommen.
Richter Turgeon
Berufungsgericht, Quebec, 1973

Wir werden uns immer als Teil der Natur sehen. Daß wir Außenbordmotoren benutzen oder Sperrholz für unsere Hütten verwenden, macht uns nicht weniger indianisch. ... Wir sind genauso Indianer wie unsere Väter und Großväter und wie unsere Kinder und Kindeskinder welche sein werden.
Richard Neryson
Fort McPherson

holten Verwendung „traditioneller“ Bildmotive zum Ausdruck kam. Die politischen Ängste der Menschen, ihr Wunsch nach einer positiven Einschätzung des Jäger- und Trapperlebens und der romantische Geschmack der Käufer aus dem Süden trafen sich in diesem Punkt. Dies hilft, die formale Kraft und den Erfolg solcher Arbeiten zu erklären. Doch wenngleich viel von dieser neuen Kunst einfach schön ist, sie beruht auf einer Beschneidung künstlerischer Imagination. Nur eine kleine Anzahl von Männern und Frauen hat sich aus dieser Zwangsjacke befreit. Tiktak aus Rankin Inlet hat eine Serie abstrakter Steinarbeiten geschaffen. Einige jüngere Männer und Frauen haben auch Gewehre und Motorschlitten nachgebildet. Insgesamt jedoch hat die neue Kunst des hohen Nordens die alte in eine volkstümliche Falle gelockt. Sie hat für eine ökonomische Situation steten Bargeldflusses gesorgt; das wirkliche, moderne Leben der Menschen wird jedoch geleugnet und verschleiert.

Unser harsches Urteil über die „traditionslosen“ Jäger erfüllt allerdings auch einen ziemlich profanen und materiellen Zweck. Wir stellen eine Verbindung her zwischen einer starken Tradition, dem Überleben von Stammeskulturen und dem Festhalten an subsistenzwirtschaftlichen Aktivitäten auf der einen sowie gesetzlich verankerten Landrechten auf der anderen Seite. Wenn die Völker des Nordens auch künftig von den Ressourcen leben, die sie seit Jahrtausenden genutzt und bewahrt haben, wer könnte dann sagen, diese Ressourcen gehörten jemand anderem? Und wenn das Festhalten an ihrer Lebensweise aus diesen Jägern physisch gesunde, klardenkende und zufriedene Menschen macht, wer könnte dann noch behaupten, die Kolonialisierung oder der industrielle Wandel würden ihr Los verbessern? Das nordamerikanische Gesellschafts- und Wirtschaftssystem beruht jedoch auf der Ausbeutung und Transformation von Stammesvölkern. Die vorwärtsdrängende Stoßkraft einer solchen Gesellschaft macht es aber erforderlich, daß den indigenen Völkern die ihnen zustehenden Rechte laufend verweigert werden. Die Dichotomie von Tradition und Moderne ist diesem Prozeß förderlich, schafft sie doch eine Grundlage für die Folgerung, daß die ursprünglichen Besitzer und Nutzer des Landes keinerlei Nutzen mehr daraus zögen oder es nicht mehr schafften, den richtigen Gebrauch davon zu machen.

So dient das Urteil, das wir gewohnheitsmäßig über die nördlichen

Jägervölker abgeben, den Zwecken eines internen, expandierenden Imperialismus. Wir beharren auf der Meinung, daß sie sich der modernen Zeit verschrieben und dem Alten abgeschworen und deshalb kein Recht darauf hätten, sich den Bergwerken, Öl- und Gasleitungen oder jeder sonstigen positiven Entwicklung an der nordamerikanischen Grenze entgegenzustellen. Wir sagen, da sie ihre Lebensweise aufgegeben haben, hätten sie auch kein Recht mehr, darauf zu insistieren. Wir sagen, sie seien, verloren zwischen zwei Welten, in einem kulturellen Dämmerzustand gefangen und könnten daher von einer raschen und mehr oder weniger vollständigen Assimilation nur profitieren. Die wirtschaftlichen und politischen Vorteile dieser Konstellation sind unschwer zu erkennen.

Wie zahlreiche andere Stammesbevölkerungen und Gruppen von Ureinwohnern auf der Welt lehnen auch die Jägervölker des Nordens diese Dichotomie ab. Sie haben sich während ihrer ganzen Geschichte und mit besonderer Intensität seit Ankunft der Europäer in ihrer Region für neue Dinge und Ideen ausgesprochen und sie der eigenen materiellen und geistigen Kultur angepaßt. Wenn sie Hundeschlitten und Schneemobile nebeneinander benutzen, dann deshalb, weil sich ein Hundegespann in bestimmten Gegenden und zu bestimmten Zwecken besser eignet, während unter anderen Bedingungen das Schneemobil von Vorteil ist und – in der Gegenwart – das wichtigste Jagd- und Transportfahrzeug ist. In Igloolik und Hall Beach beispielsweise setzen sich Jagdgruppen manchmal aus Familien zusammen, die sowohl mit Hunde- als auch mit Motorschlitten unterwegs sind: beide ergänzen einander, und man ist gegen eine Panne weit entfernt von Zuhause abgesichert. Hundegespanne verbrauchen kein Benzin. Andererseits lassen sich die Atemlöcher, der Rand der Eisdecke oder eine Fallenlinie rasch überprüfen: Schneemobile sind schneller als Schlittenhunde. In der subarktischen Region fahren Dene mit Kleinlastern in ihre Jagdgebiete. Sobald sie auf Spuren von Elchen oder Maultierhirschen stoßen, gehen sie auf Schnürwegen und zu Fuß weiter – mit einer Geschicklichkeit, die in unvordenkliche Zeiten zurückreicht. Überall im Norden verbringen die Jägerfamilien einen Großteil des Jahres in vorgefertigten Bungalows, nur wenn sie auf die Jagd gehen, errichten sie Schneehäuser oder Tipis oder provisorische Unterkünfte aus Strauchwerk, Konstruktionen also, die jene Mobilität und Flexibilität erlauben, von der ein Jagderfolg nach wie vor abhängt. Überdies sind Jagen und Fallenstellen von technologischem Geschick, Klugheit und Erfahrung abhängig, d.h. auch eine mentale Angelegenheit. Es ist das komplexe Universum des Geistes, in dem Wissen und Erfindungsgabe sich unaufhörlich fortentwickeln, was eine gleichgewichtige Begegnung von Altem und Neuem in immer neuen Mustern ermöglicht.

In ihren heutigen Vorstellungen und Praktiken stellen die Jägervölker eine Mischung aus Altem und Neuem dar; sie sind damit unsere Zeitgenossen. Aber um ihr Land und ihr Recht auf eigene Formen der Modernität zu schützen, haben alle nördlichen Gesellschaften einen Kampf um ihre seit Urgedenken bestehenden territorialen Ansprüche und ihre angestammte Lebensweise austragen müssen. Dieser Kampf hat sie dazu bewogen, ihre Sache vor Untersuchungsausschüssen zu vertreten, ihre eigenen sozialwissenschaftlichen und biologischen Untersuchungen anzustellen, sich auf komplizierte Verhandlungen mit Regierungsressorts einzulassen und vor kanadischen Gerichten auf ihre Rechte zu pochen. Sie haben sich dabei aller verfügbaren Mittel bedient und zu ihrer Verteidigung gerade auch jene Möglichkeiten ausgeschöpft, die ihnen die moderne Zeit bietet. Was sie allerdings nach wie vor zu verteidigen suchen, ist weder althergebracht noch modern, sondern einfach das Recht, die Bauteile ihres Lebens selbst bestimmen zu dürfen.

KAPITEL 11

Grenzen

Im Jahr 1910 wurde der kanadische Polarforscher Vilhjalmur Stefansson von den Copper Eskimo willkommen geheißen, einer Inuit-Gruppe der zentralen Arktis, die, wie Stefansson behauptete, keinerlei Ahnung von der Existenz anderer Menschen hatte. Und man schrieb bereits 1914, als Robert Flaherty, der sich später als Filmemacher einen Namen machte, die Qiqirtarmiut entdeckte, deren Heimat, die Belcher Islands, bis dahin für eine Anzahl menschenleerer, der Küste vorgelagerter kleiner Felseninseln gegolten hatte.

Das anthropologische Drama solcher neuerer Entdeckungen verschleiert allerdings die sehr viel weiter reichende Tatsache, daß die meisten Völker in Kanadas Norden während des 19. Jahrhunderts unter den Einfluß der europäischen Kultur gerieten und daß einige Gruppen bereits seit dem späten 17. Jahrhundert regelmäßigen Kontakt zu Forschern, Walfängern oder Händlern hatten. Selbst Bevölkerungsgruppen ohne direkten Kontakt mit Menschen aus dem Süden wurden von bestimmten Produkten ihrer materiellen Kultur abhängig. Eisen, Tee, Tabak und Feuerwaffen verbreiteten sich mit den Abenteurern (oder eilten ihnen gar voraus), zu deren Geschäft es zumindest teilweise gehörte, solche Handelsware immer weiter in den Norden zu bringen. Auf den Belcher Islands erinnern sich alte Männer und Frauen noch an den Tag, als sie zum erstenmal mit jemandem aus dem Süden zu tun hatten, aber 1972 vermochten sich selbst die ältesten Inselbewohner nicht mehr an eine Zeit zu erinnern, in der sie keine Gewehre besaßen.

Die Geschichte des hohen Nordens ist die Geschichte von Grenzen. Unerforschtes Gebiet und unerschlossene Ressourcen bemächtigten sich der europäischen Imagination und nährten Visionen plötzlichen Reichtums. Region um Region, Wirtschaftssektor um Wirtschaftssektor wurden Subarktis und Arktis stets aufs neue als letzte Grenze gefeiert – in Formulierungen, die altes romantisches Gedankengut wachriefen. Manche dieser Grenzen sind ohne die Kooperation und Unterstützung der einheimischen Bevölkerung gar nicht vorstellbar; in anderen Fällen er-

Fort York Coffee
Fort York Coffee
Fort York Coffee
Fort York Coffee
FORT YORK TEA
FORT YORK TEA
FORT YORK TEA
MILK
MILK

weisen sich die Inuit, Dene, Cree, Naskapi und Innu als Hindernisse auf dem Weg der Neuankömmlinge und ihrer Entwicklungsvorhaben.

Im 17. und 18. Jahrhundert brachen Pelzhändler aus ihren Niederlassungen entlang des St.Lawrence-Stromes auf, um weiter nach Norden zu ziehen. Unter allen arktischen Völkern hatten sich wahrscheinlich bereits Gerüchte von weißen Fremdlingen verbreitet, und womöglich hatten sie auch einige der neuartigen Produkte, die im Besitz der Europäer waren, schon zu Gesicht bekommen. Einige Gruppen, vor allem die James-Bay-Cree, beteiligten sich ab 1700 am Pelzhandel. Doch für die Inuit, Dene und Naskapi waren die beiden ersten Jahrhunderte der kolonialen Präsenz kaum mehr als ein fernes, kaum hörbares Donnergrollen.

Im 19. Jahrhundert entdeckten Walfänger, daß die arktischen Küstengewässer den Sommer über Nahrungsreservoir für viele Tausende von Grönlandwalen, Belugas und Walrossen waren. Der Wal war im vergangenen Jahrhundert das, was heute die erdölverarbeitende Industrie ist. Das Walöl lieferte Leucht- und Schmiermittel. Fischbein nahm bei einer wahren Fülle fabrikmäßig hergestellter Produkte wie Korsettstangen, Rockreifen, Schirmgestänge, Angelruten, Reitgerten, Bürsten, Jalousien, Polstermaterial, Kutschfederungen, Packtaschen und Zäunen den Platz ein, den heute Kunststoffe ausfüllen. Um das notwendige Rohmaterial für derlei Produkte zu erhalten, wurde die Walfanggrenze bis in die entlegensten Fjorde und zu den entferntesten Küsten der polaren Inselwelt vorgeschoben. Die Schiffe wurden bis zur Wasserlinie mit Walöl, Fischbein und Walroßelfenbein vollgeladen, da mit diesen Produkten auf europäischen Märkten große Profite zu erzielen waren.

Zunächst veränderte das Vorrücken der Walfanggrenze die Beziehungen zu den Inuit kaum: sie blieben minimal. Aus der Sicht der Schiffsbesatzungen waren die Inuit amüsante und verblüffende Besucher. Aus der Sicht der Inuit waren die Walfänger eine Quelle faszinierender und in manchen Fällen wertvoller neuer Güter, während die gestrandeten Wracks von Schiffen, die in arktischen Gewässern oder im Packeis zugrundegegangen waren, reichlich Vorrat an Holz und Eisen lieferten.

Aber um die Mitte des 19. Jahrhunderts begannen die Walfänger mit Erfolg zu überwintern. Wenn sie an Ort und Stelle waren, sobald die Wale im Frühjahr zurückkamen, ließen sich die Abschußquoten im Mai und Juni verdoppeln. Bei der Auswahl des Winterlagers war die Nähe

eines Inuit-Dorfes von vorrangiger Bedeutung. Dadurch, daß sie den ganzen Winter hindurch für frisches Fleisch sorgten, leisteten die Inuit-Jäger ihrerseits einen entscheidenden Beitrag; sie transportierten aber auch den Walspeck mit ihren Hundeschlitten vom Eisrand zu den Schiffen, stellten Führer für Jagdausflüge und betätigten sich allgemein als Helfer beim Frühjahrsfang. Die Frauen fertigten Fellkleidung und Schlafsäcke an, erfüllten aber auch die Rolle von „Ehefrauen unter Deck", die man für eine Saison verpflichtete. Auch die Einrichtung neuer Stützpunkte an den Küsten war ohne die Arbeitskraft der Inuit und das von ihnen eingetauschte Pelzwerk und Elfenbein kaum vorstellbar. Die Inuit ihrerseits kamen in den Besitz einer beeindruckenden Vielfalt von Manufakturwaren, die sie mit großer Flexibilität in ihr Alltagsleben zu integrieren verstanden. Als etwa um 1912 das Ende des kommerziellen Walfangs gekommen war, benutzten die arktischen Jäger Gewehre, Fernrohre, Messer in Scheiden, Klappmesser, Beile, Sägen, Metallbohrer, Ahlen, Wetzstähle und Feilen. Ihre Frauen kochten in metallenen Töpfen und Kesseln und verwendeten zum Nähen Stahlnadeln, Metallscheren und Baumwollgarn. Die Sommerkleidung bestand aus wollenen Schals und langen Baumwollröcken für die Frauen; und aus Stoffhosen, Hemden, Jacken, Mützen, ja sogar Westen für die Männer, die gelegentlich auch in Bowlerhüten oder Seemannsmützen und Sonnenbrillen zu sehen waren.

Nicht so offensichtliche, aber mehr oder weniger positive Auswirkungen dieser Kontaktsituation lassen sich in Musik und Tanz entdecken. Schottische Reels und Touren, die zuerst auf Walfangschiffen und in den Küstenposten der Waljäger erlebt werden konnten, sind in adaptierter Form für viele ostarktische Gesellschaften inzwischen Teil der Tradition. Zu den weniger gutartigen Folgen gehören epidemische Virusinfektionen, denen die Inuit keine körpereigenen Abwehrkräfte entgegenzusetzen hatten. So führte eine Kombination neuer Krankheiten im Mackenzie-Delta praktisch zur Auslöschung der Gemeinschaft der Inuvialuit; von geschätzten zweitausend blieben lediglich dreißig übrig.

1670 erhielt die Hudson's Bay Company einen königlichen Freibrief und gewann damit unter den Pelzhändlern im nordwestlichen Nordamerika eine Monopolstellung. Ihre Handelsvorhaben konzentrierten sich während des 18. Jahrhunderts auf das Gebiet der James Bay. Im Laufe des 19. Jahrhunderts erschloß sich die Handelsgesellschaft neben der

HUDSON'S BAY Co
FUR PURCHASING AGENCY
321 WATER STREET
VANCOUVER
B C

subarktischen auch die arktische Region. Zwischen 1780 und 1820 und erneut zu Beginn des 20. Jahrhunderts wurde das Monopol von französischen und US-amerikanischen Konkurrenten bedroht. Trotz des zu Zeiten aggressiv geführten Wettbewerbs, bei dem es sogar zu kriegsähnlichen Auseinandersetzungen kam, war die Ausbreitung des Pelzhandels im hohen Norden ein langwieriger Prozeß, der erst um 1950 abgeschlossen war. Während dieser langen Zeitspanne, in einem Territorium von solch riesigen Ausmaßen, präsentierte sich der Pelzhandel zwangsläufig unterschiedlich. Aber überall verfolgten die Pelzhändler die gleichen Absichten. Sie waren, was die Versorgung mit wertvollen Pelzen anging, von Jägern abhängig, die ihr Leben in wirtschaftlicher wie sozialer Hinsicht völlig auf die Produktion von Fleisch abgestimmt hatten.

In manchen Fällen paßten sich die nördlichen Jäger schnell und – aus der Sicht der Händler – effektiv an diese neuen Aktivitäten im Grenzgebiet an. Manchmal sträubten sie sich aber auch gegen den Wandel oder ließen sich mit den Neuankömmlingen nur auf zeitlich und räumlich begrenzte Kompromisse ein. Älteste und Schamanen befürchteten, daß das heikle Gleichgewicht zwischen Mensch und Tier durch die Abhängigkeit von Handelsposten zerstört werden könnte, und sahen ihren Einfluß und ihr Wertesystem in Gefahr. Viele Jäger waren nur durch Verlockungen oder ausreichenden Druck so weit zu bringen, daß sie sich auf jenes Maß der Abhängigkeit von den weißen Neuankömmlingen und ihren Gütern und Dienstleistungen einließen, das nötig war, um die Bereitschaft für den Pelzhandel zu garantieren. Aus diesem Grund wurde den Fallenstellern, sooft sie einen Handelsposten aufsuchten, Alkohol angeboten: die Jäger brauchten ja vielleicht nicht viele europäische Waren, aber alkoholabhängig würden sie auf alle Fälle. Im 19. Jahrhundert stellten die Wirtschaftsexperten der Hudson's Bay Company fest, daß die Fallensteller immer dann mehr Felle zum Verkauf anboten, wenn die Preise dafür am niedrigsten waren, weil sie ihren eingeschränkten Bedarf an Fabrikwaren nur durch den Verkauf von mehr Fellen befriedigen konnten. Die konventionelle ökonomische Lehre von Angebot und Nachfrage wurde zwangsläufig auf den Kopf gestellt: Man hielt die Preise fortan möglichst niedrig, selbst wenn die Lieferquoten bei zahlreichen Pelztierarten extremen Schwankungen unterlagen. Die Faktoren der Hudson's Bay Company importierten Lebensmittel und verkauften sie

unter dem Einkaufspreis, um die Trapper von der Selbstversorgung durch die Jagd abzuhalten. Die Pelzhändler boten Posten und Verdienstmöglichkeiten an, allerdings nicht den Winter über, während die Fallen aufgestellt waren, und auch nur an zuverlässige Trapper, und sie kümmerten sich um die Hinterbliebenen ihrer Angestellten, um die Witwen und Waisen, die Alten und Gebrechlichen. Sie gewährten Kredit, um sicherzustellen, daß die Trapper jeweils zu ihrem Handelsposten zurückkehrten, und sie bestanden auf Tauschhandel, um zu verhindern, daß die Trapper zu Bargeld kamen, was ihnen die freie Wahl unter den verschiedenen Fellaufkäufern und Warenlieferanten erleichtert hätte. Zeitlich und örtlich waren die Auswirkungen des Pelzhandels durchaus verschieden, aber in einer Hinsicht zeigten sich für die Völker des Nordens überall die gleichen Folgen: aus unabhängigen Jägern wurden abhängige Trapper.

Eine der frühesten Auswirkungen des Pelzhandels war die Genese einer neuen Volksgruppe, der Métis, womit ursprünglich die Nachkommen von Cree-Frauen und französischen Pelzhändlern bezeichnet wurden. Diese Bevölkerungsgruppe wurde so groß und selbständig, daß sie im Nordamerika des späten 19. Jahrhunderts zur politischen Macht heranwuchs. Unter der Führung eines gewissen Riel kam es 1869 und 1885 sogar zu bewaffneten separatistischen Aufständen gegen die Hegemonie des östlichen Kanada. Weiter nördlich am Mackenzie bildete sich eine andere Métis-Gruppe, die auf Verbindungen zwischen schottischen und englischen Pelzhändlern und Dene-Frauen zurückging. Diese nördlichen Métis verkehrten problemlos mit ihren athaspaskischen und Algonkin-Verwandten. Indem sie als Dolmetscher oder Faktoren von Handelsposten fungierten, konnten die Métis- oder Mischlingskinder anfangs als einflußreiche Mittelsmänner auftreten. Doch vermischten sie sich überraschend schnell mit anderen Indianergruppen oder begründeten ihre eigene Subkultur.

Die Métis-Kultur zeigte sich in verschiedener Gestalt. Personen gemischter Abstammung wurden in der Frühzeit sowohl nach ihrer europäischen Herkunft als auch ihrem Stammeshintergrund eingeteilt. Dies belegen frühe Métis-Bezeichnungen wie Black Scots, Bois Brûlé („Verbranntes Holz“), Métis Anglais und das weitverbreitete – und oft verächtlich gemeinte – Halbblut oder Mischling. In gewissem Maße spie-

HUDSON'S BAY COMPA
INCORPORATED
MAY 1670

gelte sich die Verteilung der Métis-Gruppen in ihren Sprachgewohnheiten – sie sprachen verschiedene Mischsprachen – wider. Im Laufe des 19. Jahrhunderts erfolgte dann eine Umgruppierung der Métis nach sozialen und beruflichen Kriterien in Kleinbauern, Dienstpersonal (von weißen Agenten und Siedlern), Jägern und Trappern. Im hohen Norden Kanadas, jenseits der Agrargrenze, wo die Handelsagenturen im 20. Jahrhundert überdies damit aufhörten, lokale Mittelsmänner und Bedienstete einzustellen, haben die Métis und andere Gruppierungen indigener Herkunft die sozialen und ökonomischen Ansichten und Interessen ihrer jägerischen Nachbarn übernommen.

Dene, Inuit, Naskapi und Innu wurden im späten 19. und frühen 20. Jahrhundert zu Trappern und Jägern. Die Schwierigkeiten, die diese Umstellung mit sich brachte, sind offensichtlich. Sobald die Faktoren es erst einmal geschafft hatten, die Bevölkerung von den Handelsposten abhängig zu machen, waren die Einheimischen jeder Veränderung des von den Händlern in Gang gesetzten Waren- und Dienstleistungsflusses gegenüber verwundbar. Karibujäger, die sich entschlossen, einen Handelsposten aufzusuchen, anstatt den Herden zu folgen, fanden sich, falls der Posten nicht in Betrieb war oder der Händler keinen Kredit mehr geben wollte, unter Umständen in einer Zwickmühle wieder: gefangen zwischen einer womöglich bedauernswerten Abhängigkeit von weißen Almosen, der Großzügigkeit von Nachbarn und dem nicht ungefährlichen Versuch, sich doch noch auf die Spur der Karibuherden zu setzen, ein Weg, der durch ein Terrain ohne jagdbares Wild führen mußte. Es ist mindestens ein Fall dokumentiert, wonach es genau solche Umstände waren, die für mehrere Familien den Hungertod bedeuteten.

In Sanikiluaq, an der südlichen Hudson Bay, war es noch 1940 für die Jäger mit großen Schwierigkeiten verbunden, Kredit zu erhalten – zu einer Zeit, da veränderte Wandergewohnheiten und diffizile Eisverhältnisse sie dem Verhungern nahebrachten. Alte Leute dort erinnern sich vor allem an eine Familie, der man jede Hilfe verweigerte, weil der damalige Faktor sie als unkooperativ einstufte. In ihrer Verzweiflung rangen sich die – überaus gesetzestreuen – Inuit zu einem zögerlichen Versuch durch, den Laden der Hudson's Bay Company bei Nacht zu überfallen. Als die Täter gefaßt wurden, soll einer von ihnen, wie man erzählt, vom Faktor so schlimm geschlagen worden sein, daß er daran

Als Nicht-Dene in unser Land kamen, sahen wir in ihnen seltsame Fremde, die auf Besuch gekommen waren; wir teilten mit ihnen und halfen ihnen zu überleben. Wir konnten uns nicht vorstellen, daß sie die Welt anders sahen als wir. Wir vertrauten darauf, was die Leute sagten, denn so hatten wir es immer gehalten, solange wir unter uns waren. Die Dene hatten keine Erfahrung mit Menschen, die versuchten, uns zu beherrschen, und behaupteten, das Land, auf dem wir schon immer gelebt hatten, gehöre ihnen. Und wir verstanden sie auch nicht.
Stephen Kakfwi
Fort Good Hope

starb; am nächsten Tag wurden die Waren, die die Einbrecher zu stehlen versucht hatten, ins Meer geworfen; die Weißen am Ort wollten demonstrieren, daß sie die Lebensmittel lieber vernichteten, als sie den Inuit auf Kredit zu überlassen.

Der Pelzhandel beruhte auf einer Ökonomie der Abhängigkeit. Der Grund dafür war – aus der Sicht der Jäger – ein Sortiment unschätzbarer Handelswaren, vor allem immer besser werdende Schußwaffen und Munition. Die Abhängigkeit selbst wurde durch verschiedene Formen der Sucht – nach Tee, Zucker und, in manchen subarktischen Gebieten, Alkohol – vergrößert. Mit der Zeit wurde der Tauschhandel an den Handelsposten zur Gewohnheit, und es entstand ein gänzlich neues Netzwerk von saisonalen Wanderungen und Technologien: die Kultur des Pelzhandels mit den ihr eigenen Traditionen und Qualitäten. Das Präparieren der Felle, das Aushandeln der Preise, das Wissen, wo Jahr für Jahr und je nach Jahreszeit die vortrefflichsten Pelztiere zu finden waren – dies alles ergänzte bestehende Praktiken und Kenntnisse. Eine Konsequenz des Pelzhandels war, daß sich die Weißen in allen Teilen der Arktis und Subarktis als neue starke Macht festsetzten. Dank des Freibriefs, den die Hudson's Bay Company von der englischen Krone erhalten hatte, und des damit verbundenen Rechts – ja, der Pflicht –, dieses riesige Territorium zu verwalten, das den Namen Rupert's Land erhalten hatte, kontrollierten die Händler nicht nur die Einfuhr immer wichtigerer Produkte, sondern hatten auch die Befugnis, Gesetze zu machen und durchzusetzen, als Richter wie als Geschworene. Die ökonomischen Beziehungen zwischen den Pelzhändlern und der Bevölkerung des Nordens wurden durch die Anfänge politischer Verhältnisse abgesichert, wie sie seither die Grenzbildungen im nördlichen Kanada beeinflußt haben.

Indem sie Trapper wurden, änderten die meisten Jäger ihre wirtschaftliche Existenz: fortan profitierten sie vom Handel mit den weißen Neuankömmlingen. Die Kombination von Jagd und Fallenstellen ist eines der frühesten und wichtigsten Beispiele für die Tendenz der Jäger, sich mit Neuerungen anzufreunden und ihren Nutzen daraus zu ziehen. Diese Anpassung an die neuen Verhältnisse bedeutete aber auch, daß das gesamtwirtschaftliche Gefüge des Nordens auf dem Wissen und dem Geschick der Einheimischen beruhte. Ohne ihre Kooperation hätte es eine wirtschaftliche Entwicklung Kanadas so nicht gegeben. Trotz der Abhän-

gigkeit, die von den Pelzhändlern forciert wurde, um die Jäger besser für ihre Zwecke einspannen zu können, verlieh der Stellenwert der Jäger im Rahmen der Gesamtökonomie ihnen tatsächliche Bedeutung und eine gewisse Würde.

Im ersten Drittel des 20. Jahrhunderts, vor allem in den zwanziger und dreißiger Jahren, kamen weiße Amerikaner in großer Zahl in den Norden, um Trapper zu werden – nicht zuletzt eine Folge der Wirtschaftskrise, die das städtische und ländliche Leben Nordamerikas schwer erschüttert hatte. Während dieser Jahre hielten sich die Pelzpreise auf einem erstaunlich hohen Niveau. Dieser Zustrom an weißen Trappern führte überall in der Subarktis zu Konflikten und Konfusion. Zur gleichen Zeit wollten die kanadischen Provinzregierungen durchsetzen, daß die Verantwortung für die Wildbestände und andere natürliche Ressourcen aus den Händen der Bundesregierung in die ihren überging. Aufgrund dieser Umstände wurde 1926 mit dem Programm zur Registrierung von Fallenlinien begonnen. Fortan brauchte man für das Fallenstellen eine von der Provinzverwaltung ausgestellte Lizenz. Dahinter stand die Überlegung, daß nur so die Fallenlinien der einzelnen Trapper kartografisch festgehalten werden konnten. Für die Karten zeichneten die „Naturschutzämter" der Provinzen verantwortlich. Dieses Programm machte den Begriff „Fallenlinie" (trapline) überhaupt erst bekannt, doch wurde es schon bald von einem anderen Plan abgelöst, demgemäß „Fallenareale" abgegrenzt wurden. Zahlreiche Trapperfamilien ließen sich davon überzeugen, ihre „Areale" den Vorstellungen der Verwaltung entsprechend registrieren zu lassen; wenn sie sich nicht darauf einließen, so hieß es, würden sie ihre Landrechte verlieren und der weißen Konkurrenz weitgehend hilflos ausgesetzt sein.

Im nördlichen British Columbia, Alberta und Saskatchewan verlief das Registrierungsprogramm weitgehend im Sinne der Provinzregierung und der weißen Trapper. Weiter nördlich, jenseits der Reichweite von Straßen, wurden ebenfalls Registrierungsprogramme durchgeführt, doch unterschieden sie sich im Ergebnis nicht sonderlich von der Art, wie die Menschen ihr Land nutzten. Es war eine Ironie des Schicksals, daß der einzige Versuch, die ökonomische Existenz der arktischen Völker verwaltungstechnisch in den Griff zu bekommen, eine Minderung ihres Rechts zur Folge hatte, ihr Leben so zu führen, wie sie es wollten. In den

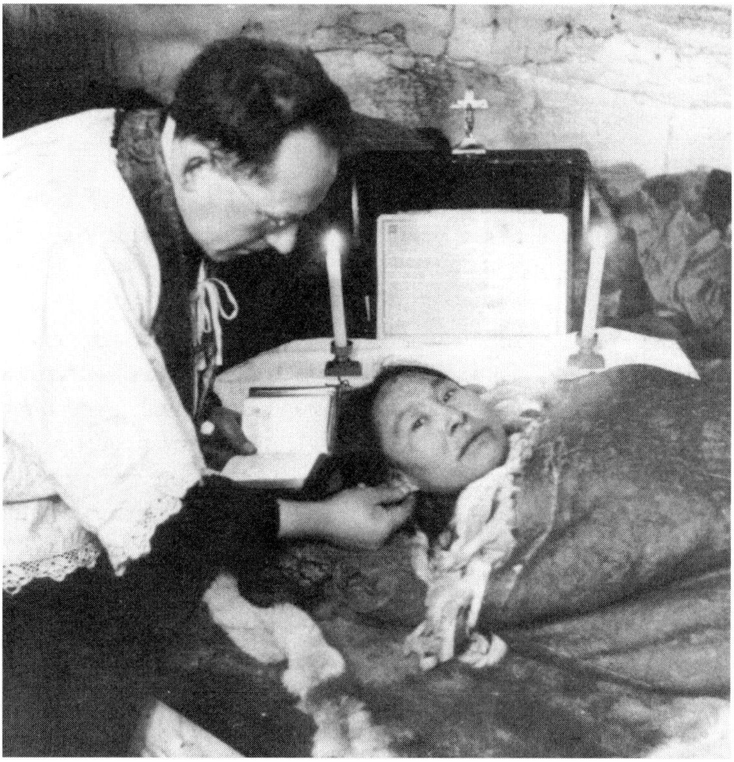

dreißiger und vierziger Jahren blieb das Fallenstellen für die meisten Familien im Norden die Hauptstütze ihrer Existenz. Trotz aller Schwankungen hielten sich die Fellpreise bis 1947 auf einem hohen Niveau. Doch dann purzelten die Preise; sie blieben in den fünfziger und sechziger Jahren niedrig, erholten sich danach aber wieder. Einige indigene Gruppen machten mit dem Fallenstellen wie bisher weiter. Andere paßten sich den neuen Gegebenheiten an und stellten sich erneut auf Subsistenzjagd um. Wieder andere waren – wie wir noch sehen werden – von durchaus anderen Grenzaktivitäten betroffen. Trotz aller Widerstände haben sich die Völker des Nordens jedoch das Recht bewahrt, wie gewohnt ihre Fallen aufzustellen, und dies an Plätzen, die sie als die ihren betrachten.

Das Trapperwesen wirkte sich auf alle Aspekte der nördlichen Kultur aus. Autoritätsstrukturen, jahreszeitliche Wanderungen, der Austausch zwischen den Gruppen, Bekleidungswahl und selbst die Sprache – in allem zeigte sich der Einfluß des Trapperlebens. Grundlage der Kultur blieb aber weiterhin die Jagd. Der zyklische Ablauf der jahreszeitlichen Wanderungen entspringt den Anforderungen des jägerischen Systems, das Trappertum hat zwar zu kleinen Veränderungen – temporär die einen, von Dauer die anderen –, aber zu keinerlei grundsätzlichen Revisionen geführt. In ähnlicher Weise waren auch die wesentlichen Elemente sozialen Verhaltens – der Respekt voreinander, das Miteinanderteilen, die Spiritualität – in der jägerischen Lebensweise verwurzelt. Die Trapper haben sich ihrer zum eigenen Vorteil bedient; es ist kein Zufall, daß so viele Jäger zu ausgezeichneten Trappern wurden.

Walfang und Pelztierjagd machten den Weg frei für die Verbreitung des Christentums. Für die europäischen und nordamerikanischen Missionare stellten die Völker des hohen Nordens ein menschliches und moralisches Reservoir dar. Auf den Spuren von Walfängern und Pelzhändlern wandelnd, bedienten sich die Missionare der von diesen geschaffenen Infrastrukturen und stießen manchmal noch weiter vor. Die Unterstützung, die sie bei den Händlern suchten, und die sich daraus ergebende Zusammenarbeit veranlaßte die Missionare, deren wirtschaftliche Interessen und Absichten zu unterstützen und zu stärken. Katholiken und Protestanten wetteiferten um die Kontrolle über Regionen, Siedlungen, ja sogar Individuen. Nach einer langen Phase ungebührli-

cher Hast und konfessioneller Fraktionskämpfe teilten sich die beiden großen christlichen Systeme die nördlichen Territorien weitgehend untereinander auf. Nimmt man das christliche Erscheinungsbild – Gottesdienstbesuch und offizielle Kirchenzugehörigkeit – als verbindlich an, dann hatte sich bis 1940 das Christentum über den ganzen Norden ausgebreitet. In jüngerer Zeit sind verschiedene Sekten und Bekenntnisse als Konkurrenten der beiden großen christlichen Kirchen aufgetreten, ihrerseits die eifrige Suche nach Konvertiten fortsetzend.

Im großen und ganzen hat das Christentum im gesamten hohen Norden einen breiten, nur oberflächlichen Erfolg zu verzeichnen. So gut wie alle Familien nördlicher Jäger haben sich der einen oder anderen Version der christlichen Botschaft angeschlossen und halten sich auch an die äußeren Abläufe und Vorschriften anläßlich der Übergangsriten und Jahresfeste. Diesem missionarischen Erfolg kam die Anpassungsfähigkeit und Flexibilität der Jäger zugute: ihre schamanistische Vorstellungswelt schließt christliches Gedankengut keineswegs grundsätzlich aus. Tatsächlich entwickelten einige Gruppen der Dene, die vom Christentum bereits gehört hatten, aber christlichen Missionaren noch nicht in persona begegnet waren, in kürzester Zeit eine synkretistische Religion, indem sie Teile der christlichen Theologie ihrem eigenen spirituellen System einverleibten. Einige Dene-Schamanen unternahmen Geistreisen in den Himmel, wo sie Gott oder Jesus begegneten und detaillierte Informationen über die Ankunft des weißen Mannes, das Sonntagsgebot, die christlichen Heiratsregeln und – in einigen verblüffenden Fällen – das Ende der Welt durch Feuer und Explosionen erhielten.

Die Missionare wußten sich der schamanistischen Aufgeschlossenheit neuen Ideen gegenüber zu ihrem Vorteil zu bedienen und schmuggelten die eigenen Lehren in die bestehenden Glaubenssysteme ein. Wurden erst einmal einige Grundvorstellungen akzeptiert, nutzten die Missionare – unter Einbeziehung der wachsenden Abhängigkeit ihrer Klientel von weißen Dienstleistungen und Handelsaktivitäten – ihren wachsenden Einfluß, um eben jenen Schamanismus zu unterdrücken, dem sie ihre ersten Erfolge mitverdankten. Viele Missionare erzählten ihren Zuhörern, daß das, was sie glaubten, schon richtig wäre, daß aber die Geister, die im Schamanismus eine zentrale Rolle spielten, den Teufeln der christlichen Theologie entsprächen. Dabei erwies es sich als hilfreich,

daß sie deren Sprache sprachen. Paradoxerweise führte dies zur gründlichen und permanenten Integration christlicher Ideen in die bestehenden Vorstellungswelten. Zugleich konnten die Missionare darauf verweisen, daß die Schamanen nicht in der Lage waren, neue Krankheiten wie Masern, Tuberkulose und Grippe zu heilen, die die Arktis epidemisch heimsuchten und in vielen Gegenden zu entsetzlichen Bevölkerungsverlusten führten. Allein im Jahr 1928 starb ein Sechstel der gesamten Dene-Bevölkerung an einer Grippeepidemie. Die christliche Botschaft konnte nur zu leicht den Anschein erwecken, als lieferte sie eine Erklärung dafür, warum die Jäger diesen Krankheiten gegenüber so verwundbar waren, wohingegen die Weißen immun blieben: wer nicht glaubte, würde sterben. Überdies hatte der christliche Tod seine eigene Medizin parat: wer glaubte, dem war das ewige Leben gewiß.

Eine Auswirkung der Christiansierung zeigt sich darin, daß der Schamanismus der Inuit nur äußerst schwer wahrzunehmen ist. Geistbesessenheit, Besuchsreisen zur Konsultation tonangebender Geister, der Einsatz von Trommeln zur Kontaktaufnahme mit geistigen Mächten, um Geister herbeizurufen oder ihnen eine Stimme zu verleihen, die Diagnose und Heilung von Krankheiten durch das Verständnis und die Beseitigung fremder spiritueller Einflüsse – solche und ähnliche Praktiken sind sehr selten oder werden gut versteckt. In gewisser Hinsicht haben fundamental-christliche und protestantisch-pietistische Rituale den Boden bereitet, auf dem sich schamanistische Religiosität ausdrücken konnte. Das Sprechen in Zungen, die Macht des Glaubens, die einem beispielsweise erlaubt, übers Wasser zu gehen, und die bloße Intensität des Glaubens – dies sind Aspekte christlicher Glaubensformen, die sich mit der Psychologie und den Vorstellungen der indigenen Bevölkerung in Einklang bringen lassen. Einen vollständig und in Freiheit ausgeprägten Schamanismus sucht man inzwischen allerdings vergeblich im hohen Norden. Die klare religiöse und spirituelle Abhängigkeit von den Männern und Frauen, die mit der Welt der Luft-, Meeres- und Erdgeister Kontakt aufnehmen können, besteht nicht mehr. Stattdessen präsentiert sich religiöse Erfahrung mittlerweile als Abhängigkeit von den Vertretern des christlichen Glaubens, ein Zustand, der bis zur Unterwürfigkeit gehen kann.

Bei den Dene, wo der Katholizismus im Wettstreit um die Seelen zu-

meist erfolgreicher ist als seine protestantischen Rivalen, sind schamanistischer Geisterglaube und schamanistische Praktiken erstaunlich lebendig. So spielen in vielen Dene-Gemeinden das Träumen, die individuelle Geistsuche und die weitverbreitete Akzeptanz einer von Geistwesen belebten Natur weiterhin eine Rolle. Die Koexistenz von Schamanismus und Christentum wurde durch die synkretistische Einstellung der Dene einigermaßen erleichtert. Im 19. Jahrhundert hatten einige einflußreiche athapaskische Schamanen Visionen, die von christlicher Weltanschauung und Sittenlehre inspiriert waren, und gelangten dadurch zu einer ganz eigenen Sicht der Dinge, die da kommen würde. Auf diese Weise erhielten Gott und Jesus einen Platz in den Schöpfungsgeschichten, Vermeidungsregeln und Traumerfahrungen. Auch im geistigen Leben der Naskapi und Cree kam es zu Synkretismen dieser Art, und sie sind bis heute von Bedeutung. Generell ist die Verbreitung des Christentums nicht von einer systematischen und effektiven Missionierungskampagne zu trennen, zu der auch eifrige Konvertiten beitrugen, und die darauf abzielte, schamanistisches Gedankengut zu untergraben und dem Einfluß der Schamanen entgegenzuwirken. So wurde die differenzierte Geisteswelt eines Großteils der nördlichen Völker durch eine relativ simple christliche Weltanschauung ersetzt.

Die christliche Grenzziehung war nicht das einzige Unternehmen ideologischer oder moralischer Art, mit dem sich die nördlichen Jägervölker konfrontiert sahen. Die Region stellte auch eine nationale Grenze dar, eine wenig bekannte Randzone Kanadas mit unsicherer Souveränität. Seit dem Ende des 19. Jahrhunderts wurden Besitzansprüche auf die der Küste vorgelagerten Inseln und Wasserwege Gegenstand erregter internationaler Debatten. Ansonsten erwartete das Land Kanada von seinen nördlichen Randgebieten zukünftige wirtschaftliche Stärke: die nationale Wirtschaft hatte schon immer auf der Ausbeutung der Ressourcen in den Grenzgebieten beruht.

Die chaotischen Zustände des Goldrausches machten das Yukon-Territorium berühmt – und riefen Ende des vergangenen Jahrhunderts die Royal Northwest Mounted Police in der subarktischen Region auf den Plan. 1895 folgte die Polizei den Walfängern bis ins Nördliche Eismeer. So festigte Kanada seine Ansprüche über all die Inseln und Meeresstraßen. Seit 1920 wurden die subarktischen und arktischen Grenzterritorien

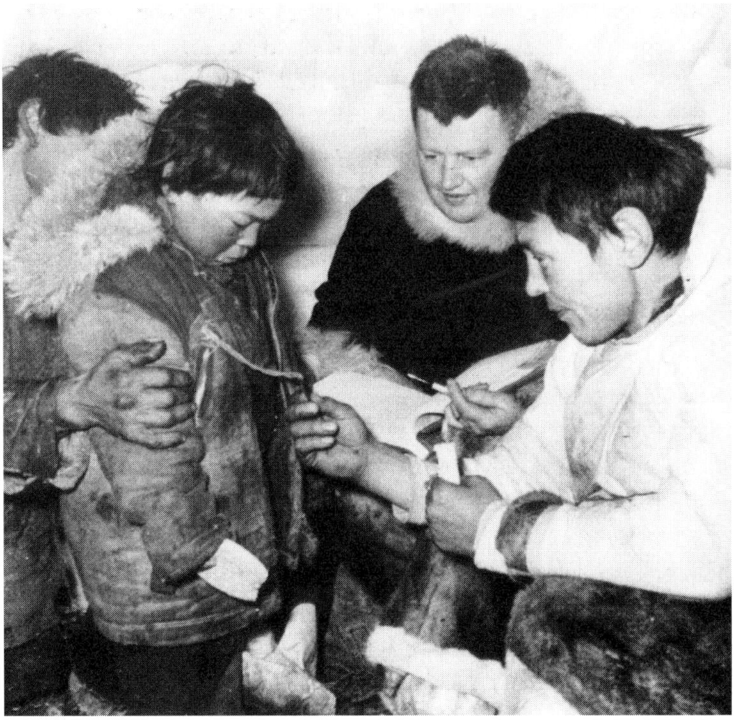

mit einem Netzwerk von Polizeiposten überzogen und zur Absicherung künftig auszubeutender Ressourcen überall Abteilungen der RCMP (Royal Canadian Mounted Police) stationiert.

Anfangs hatten diese Polizisten den Auftrag, Flagge zu zeigen, das Terrain zu erkunden und der einheimischen Bevölkerung dienlich zu sein. Von den Faktoren der Hudson's Bay Company übernahmen sie die Auszahlung von Fürsorgegeldern, sie verteilten Hilfsgüter in Notsituationen und hatten die Aufgabe, die gesamte Inuit- und Dene-Population zu registrieren, indem sie jedes Individuum namentlich verzeichneten und mit einer Nummer versahen. Mit der Ausweitung des kanadischen Hoheitsgebiets, der Verschiebung der Staatsgrenze, erlebt der Norden den Beginn der kanadischen Verwaltung.

Die RCMP setzte auch das kanadische Rechtssystem durch, ein zu gleichen Teilen symbolischer wie dramatischer Akt. Vor allem die Praxis der Inuit, zum Selbstmord entschlossenen Menschen hilfreich zur Seite zu stehen, wurde von kanadischen Gesetzesvertretern als Mord interpretiert. Diese Fälle erregten landesweites Aufsehen. Jäger wurden angeklagt und verurteilt, nur weil sie getan hatten, was ihre Kultur von ihnen verlangte. Auch Inuit, die in Selbstverteidigung töteten oder um sich der Bedrohung durch einen gefährlichen Abartigen zu entledigen, fanden sich unter Mordanklage vor Gericht gestellt und wurden in die Gefängnisse des Südens geschickt. Dies waren dramatische Vorfälle, die von den neuen Herren dazu benutzt wurden, ihre Regeln zu etablieren und ihre außerordentliche Machtfülle zu demonstrieren. Der RCMP fiel auch hier die Aufgabe zu, die Gesetze und Vorschriften des Südens zu erklären und ihnen Geltung zu verschaffen, wozu sie überall nach dem gleichen Muster – mit Zuckerbrot und Peitsche – vorgingen: die Polizeibeamten, die die Sozialhilfe vorbeibrachten, waren mit Seitengewehren bewaffnet. Diese frühen Aktivitäten der RCMP im Norden bewiesen den Jägervölkern, daß der weiße Mann durchaus großzügig sein konnte, aber auch eine sehr strenge Form der Rechtsprechung praktizierte. Die Polizisten konsolidierten, womit Händler und Missionare begonnen hatten: die Neuankömmlinge machten, auf diese drei Institutionen verteilt, das Recht für sich geltend, die ökonomischen, moralischen und sozialen Lebensgrundlagen festzulegen. Durch diese Institutionalisierung der Unterordnung verstärkte sich die Abhängigkeit der einheimischen Bevölkerung noch.

... als die RCMP zum erstenmal in unserer Gegend war, hatten wir Angst vor ihnen. Sie waren so groß, sie sahen in unseren Augen wie Elche und Moschusochsen aus.
Nora Ruben
Paulatuk

Unser Sohn, der Sohn, den wir am meisten liebten – wir wollten nein sagen, er wird nicht in eure Schule gehen. Er war so klein, so jung. Wir wollten uns weigern. Aber wir sagten ja. Sie haben uns eingeschüchtert.
Simon Anaviapik
Pond Inlet

Bevor ich zur Schule ging, war alles, was ich auf Englisch sagen konnte, „hello". Als wir an diesen Ort kamen, hieß es, wir würden solange geschlagen, bis unsere Hände beidseitig blau wären, sollten wir indianisch sprechen. Und man sagte uns auch, daß die Religion der Indianer Aberglauben und Heidentum sei. ... und jeder erhielt einen Haarschnitt, wir waren fast kahlköpfig und fühlten uns alle verloren ...
Dolphus Shae
Fort Franklin

Die Leute glauben dem Wort eines Weißen längst nicht mehr ohne weiteres, weil ihr sie zu oft zum Narren gehalten habt. Ihr habt alles genommen, was sie hatten, und habt ihnen nichts gegeben. Ihr habt all die Felle genommen, habt all die Wale genommen, habt all die Eisbären vom Flugzeug aus getötet, einfach alles, und um das noch zu überbieten, habt ihr eine Abschußquote festgelegt, so daß wir keine Eisbären mehr schießen dürfen, falls wir möchten. Für all das bezahlen wir.
Vince Stern
Tuktoyaktuk

Mitte des 20. Jahrhunderts bescherte das Aufeinanderfolgen unterschiedlicher Grenzziehungen den Jägern des Nordens neben gewissen Vorteilen komplizierte Veränderungen und eine Existenzkrise, von der jeder Aspekt des Lebens betroffen war. Die Abhängigkeit vom Pelzhandel bedeutete, der Preisentwicklung hilflos ausgesetzt zu sein. Kleidung von der Stange und Fertigbauhäuser galten inzwischen als besser und fortschrittlicher und wurden Anzügen aus Karibufell und den Holzhütten der Fallensteller vorgezogen. Süßigkeiten, Popcorn und billige Lebensmittel begannen die reine Fleisch- und Fettnahrung zu ersetzen bzw. abzulösen. Das Christentum sei, so hieß es, verglichen mit dem Schamanismus die wahrhaftigere, die bessere Religion. Südlichen Erziehungsidealen folgend nahm man die Kinder aus den Häusern ihrer Eltern und steckte sie in ferne Schulen. Lohnarbeit wurde als alleinige wirtschaftliche Hoffnung für die Zukunft gepriesen. Von nachdrücklichster Bedeutung waren wohl die entsetzlichen Ausbrüche von viralen und bakteriellen Infektionen, die von den überall im nördlichen Grenzgebiet ansässigen Weißen übertragen wurden. Sommer für Sommer kam es in den Niederlassungen und Camps der Polarregion zu immer neuen Todesfällen, wo neue Grippe-, Masern- und andere Krankheitskeime ihre Opfer forderten, sobald die Schiffe mit den Versorgungslieferungen eingetroffen waren. Die Tuberkulose geriet im ganzen Norden außer Kontrolle. Bei einer territorialen Überprüfung wurde bei einer indigenen Gruppe westlich der Hudson Bay ein aktiver Tuberkuloseanteil von über 30 Prozent festgestellt. Aus der Sicht der nördlichen Jäger und Trapper war es nicht nur ihre Kultur, die verschwand – die Menschen selbst waren am Verschwinden. Was von ihrer Lebensweise noch vorhanden war, wurde ausgehöhlt und entwertet; die Überlebenden blieben demoralisiert zurück.

1952 und 1959 veröffentlichte der kanadische Autor Farley Mowat die Bücher „People of the Deer“ und „The Desperate People“, die die Aufmerksamkeit der Öffentlichkeit auf die Misere der Ureinwohner des Landes lenkten. Mowats Werk ist mit einiger Skepsis betrachtet worden, man hat viele Details als einfallsreiche Erfindungen abgetan und den altväterlichen Ton der Bücher als Beweis für ihre Bedeutungslosigkeit angeführt. Es besteht jedoch kein Zweifel daran, daß Mowat prinzipiell recht hatte: zahlreiche nördliche Jägergruppen machten wirklich harte Zeiten

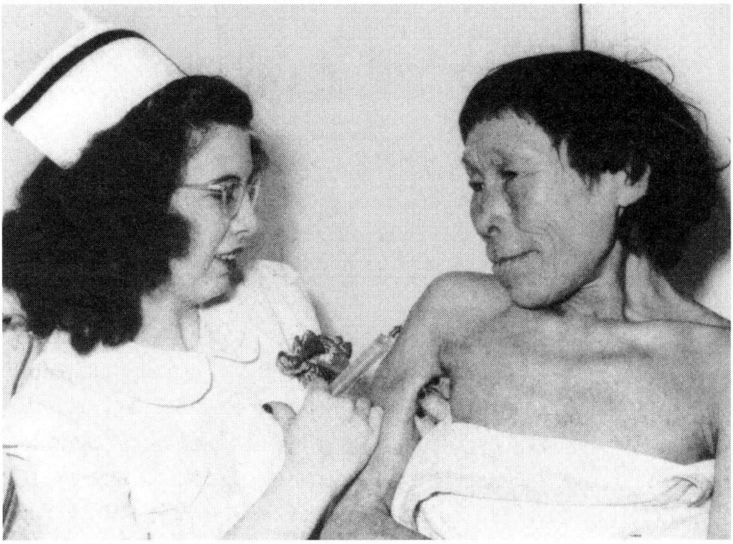

durch, und manche waren tatsächlich zum Hungern verurteilt. Die gesamte Bevölkerung mußte mit den Folgen zurechtkommen, die das heftige Aufeinandertreffen in den Grenzgebieten bewirkte.

Gleichzeitig erlebten die fünfziger Jahre einen industriellen Aufschwung größten Ausmaßes; dieser Boom erfaßte auch die zentrale wirtschaftliche Planung und die Organisation der Sozialfürsorge. Die Ressourcen des Nordens gerieten zwangsläufig ins Blickfeld neuer, gieriger Prospektionen, während seine Bevölkerung ohne die Zuteilungen der Wohlfahrt – die aber nur denjenigen zuteil wurden, die sich in den politischen und gesellschaftlichen Mainstream Kanadas einreihten –, nicht mehr auszukommen schienen. In den fünfziger und sechziger Jahren übernahmen allmählich Indianeragenten und andere Regierungsbeamte einen Großteil der bis dahin von der RCMP besorgten Aufgaben. Die Verwaltung plante u.a., Jäger und Trapper dazu zu bringen, in dauerhaften Siedlungen zu leben, wo soziale und administrative Dienstleistungen mit maximaler Effizienz und minimalen Kosten vermittelbar waren. Schulen und Krankenpflegestationen wurden eingerichtet und Wohnungsbauprogramme sorgten für Unterbringung in der näheren Umgebung. Den Eltern wurde mitgeteilt, daß sie ihre Kinder auf von Weißen geführte Schulen im nächsten Dorf oder regionalen Zentrum gehen lassen müßten. Wirtschaftliche Sparmaßnahmen der Verwaltung – es ist einfacher, einer kleinen Zahl von Dörfern die gewünschten Dienstleistungen zukommen zu lassen – bedeuteten auch, daß all jene, die mit ihren saisonalen Wanderungen und der flexiblen Nutzung des Landes fortfuhren, zu einem teuren Problem wurden.

Der Sinn von Bevölkerungskonzentrationen in größeren Dörfern und Anpassungsversuche an den wirtschaftlichen und sozialfürsorgerischen Mainstream können in Zweifel gezogen werden, die medizinische Versorgung jedoch war von grundlegender Bedeutung, und andere Hilfe war überwiegend gut gemeint. Unglücklicherweise kamen die Dienstleistungen, die die Menschen selbst für nötig hielten, nur im Paket mit anderen Dingen, die ihnen irrational oder gar als Strafe vorkommen mußten. Wenn sie sich an diese quälende Episode der modernen Geschichte erinnern, berichten viele, daß sie eingeschüchtert wurden und von Weißen abhängig waren: im Falle der Einschulung ihrer Kinder spürten sie, daß ihnen nichts anderes übrig blieb, als die schmerzliche Trennung von

ihren Söhnen und Töchtern zu akzeptieren. Wenn sie über diese Epoche der modernen Geschichte sprechen, verwenden viele ältere Inuit das Wort ilira, ein Begriff, der Empfindungen meint, die durch eine starke und potentiell gefährliche Kraft oder Person, der man sich nicht zu widersetzen wagt, hervorgerufen werden. Abhängigkeit von den Weißen, ihnen ungeschützt ausgesetzt zu sein, bedeutete, daß man sich in die neuen Verwaltungs- und Erziehungsmaßnahmen fügte, welches Leid sie auch verursacht haben mochten. Die Ära der dörflichen Ansiedlung war somit ein unmittelbares Produkt des Vorrückens der staatlichen Grenze.

Während der 60er und 70er Jahre fanden sich immer mehr nördliche Jägerfamilien unwillig in das Gespinst eines sozialen und wirtschaftlichen Lebens hineingezogen, das sich nur sehr wenig um ihre althergebrachten Gebräuche und Bedürfnisse kümmerte. Ende der 60er Jahre und vor allem in den 70er Jahren begannen die Ältesten und die Sprecher der nördlichen Bevölkerungsgruppen gegen den offensichtlichen Niedergang ihrer Kultur zu protestieren. Die in einem Sturm weltweiter Empörung vorgetragenen Wünsche und Forderungen unterdrückter Gesellschaften gaben den Jägern des Nordens nicht nur eine Sprache, sondern auch das Vertrauen, sich mit ihrem eigenen Protest in den Lauf der Ereignisse einzuschalten. Zur gleichen Zeit zeigten sich Eltern von der breiten Kluft, die sich zwischen ihnen und ihren Kindern auftat, alarmiert, entsetzt auch darüber, daß das nackte Überleben ihrer Kulturen auf dem Spiel stand. Ihr Protest ging einher mit dem leidenschaftlichen Wiederaufleben und der Neuformulierung kulturspezifischer Überzeugungen und wirtschaftlicher Aktivitäten. Man führte selbst Untersuchungen über indigene Landnutzungssysteme und den Umgang mit Ressourcen durch und entdeckte, daß sich – einhergehend mit ihrem traditionellen Wissensschatz – aus den so gewonnenen Erkenntnissen zeigen ließ, in welchem Maße ihre ureigensten Formen des Verstehens und der Landnutzung trotz des geballten Ansturms von Grenzen fortbestanden. Die Neuformulierung indigener Rechte im Norden war demnach jedenfalls teilweise eine Reaktion auf die Ereignisse der 60er Jahre.

In den 70er und 80er Jahren hat die Erdöl verarbeitende Industrie eine neue Grenze im Norden hervorgebracht. Seitdem 1968 in Nord-Alaska reiche Öllager und Naturgasvorkommnisse entdeckt worden sind, konzentrierte sich die Aufmerksamkeit der Geologen und Pipeline-

PEPSI-COLA
PEPSI-COLA
PEPSI-COLA
PEPSI-COLA

Konstrukteure vermehrt auf die polaren Inseln und die Beaufort-See. Sie wurden nicht enttäuscht. Öl- und Gasfelder sind entdeckt worden, man hat Landebahnen und Zugangsstraßen gebaut, weitere Grenzbewohner sind aus dem Süden eingetroffen, und in der westlichen Arktis und Subarktis wurde in geringem Umfang mit der Produktion begonnen. Ein stürmischer Optimismus beherrscht das Gespräch über Energiekorridore, die ausgehend von der Beaufort-See dem Mackenzie-Tal flußaufwärts folgen würden und weiter bis zur Grenze zwischen Kanada und den USA, sowie ein Versorgungssystem quer durch die östlichen Einöden, das den hohen Norden mit den Städten des mittleren Westens und Ostens verbinden würde. Inzwischen träumen die Befürworter der Hochseeschiffahrt von massiven eisbrechenden Tankern, die selbst aus den am weitesten nördlich gelegenen Gebieten wie Ellesmere Island flüssiges Naturgas abtransportieren und entlang der Ostküste Nordamerikas nach Süden bringen könnten.

Die durch die Öl- und Gasfunde entstandene Grenze hat die Frage nach Arbeitsplätzen und wirtschaftlicher Anpassung in neuer klarer Form aufgeworfen. Ihre Propagandisten behaupten, daß sich hier für die nördlichen Jäger und Trapper die Chance böte, auf direktem Weg von der ökonomischen Entwicklung ihrer Territorien zu profitieren: sie sagen, daß Arbeitsplätze geschaffen würden und daß infolge der Ausbeutung der Öl- und Gasvorräte und anderer ressourcengestützter Industrien sich bald vermehrt Gelegenheit zur unternehmerischen Entwicklung sekundärer Sektoren ergäbe. Diese Befürworter neuer Gelegenheiten weisen auf Orte wie Tuktoyaktuk an der Küste des Polarmeeres und Norman Wells im oberen Mackenzie-Tal; dies seien Plätze, sagen sie, wo nördliche Völker sich eine neue Form der wirtschaftlichen Prosperität zunutze gemacht haben.

Tatsächlich hatten viele bereits die Möglichkeiten genutzt, die mit früheren Grenzaktivitäten, z.B. der Lohnarbeit, ins Land gekommen waren. Männer und Frauen arbeiteten im neunzehnten Jahrhundert für die Walfänger und boten den Pelzhändlern ihre Dienste auf einer regelmäßigen, bezahlten Basis an. Missionare stellten in einigen Fällen Führer und Putzfrauen ein. Das Wachstum neuer Siedlungen in den 50er und 60er Jahren schuf u.a. Arbeitsplätze im Baugewerbe und in der Instandhaltung. Meistens geht die Flexibilität der Jägervölker so weit, daß sie mit

enthusiastischer Bereitschaft keine Gelegenheit ungenutzt lassen, Neues in ihr eigenes System zu integrieren. Daß sich die Jäger auf den Pelzhandel eingelassen haben und in Abhängigkeit von ihm gerieten, daß sie sich in der Folge an ein seßhaftes Leben in den Verwaltungszentren gewöhnten, bedeutet auch, daß die für die Jagd notwendigen Ausrüstungsgegenstände und Brennstoffe nur mehr durch Barzahlung zu erhalten sind. Jäger und Trapper sind an einem Punkt angekommen, an dem sie Geld brauchen, um auf die Jagd gehen und ihre Fallen aufstellen zu können. Einige erhalten genügend Geld aus dem Pelzgeschäft, doch hat sich dieses, wie wir gesehen haben, als unsichere Einkommensquelle erwiesen – besonders angesichts des starken internationalen Drucks auf die Pelzpreise. Einige finanzieren die Jagd mit Schnitzereien für den Kunsthandel oder verkaufen Narwal- und Walroß-Elfenbein. In der subarktischen Region sichert der Verkauf von Mokassins, Jacken und Perlenarbeiten einen entsprechenden Bargeldverdienst. All diese subsistenzbedingten Ausflüge in den Handel bringen, verglichen mit einem Job in einer Siedlung oder einem anderen Beschäftigungssektor der Grenze, relativ wenig Gewinn. Die Notwendigkeit, Geld zu verdienen, um Waffen, Motorschlitten und Lebensmittel zu kaufen, verstärkt andererseits wiederum die Flexibilität der Jäger: wenn periodische Lohnarbeit gewährleistet, daß sie (oder sonst jemand aus ihrem Haushalt) mit maximaler Effektivität jagen und Fallen stellen können, dann ist ein bezahlter Job Teil dessen, was man wünscht und braucht.

Nie jedoch haben nördliche Jäger und Fallensteller akzeptiert, daß die Zerstörung ihrer Territorien oder ihrer Formen des Wirtschaftslebens der Preis sein könnte, den sie für das bezahlen sollten, was die Neuankömmlinge zu bieten hätten. Wenn die Walfänger den Menschen erzählt hätten, eine Folge dieser neuen Aktivität bestünde in der praktischen Ausrottung der Grönlandwale und Walrosse im ganzen Norden, hätten die Inuit-Jäger zweifellos jede Zusammenarbeit verweigert und verlangt, daß die Walfänger ihre Aktivitäten einstellten und nach Hause zurückkehrten. Die Jäger lehnen Neuerungen keineswegs ab; aber sie haben klar zu verstehen gegeben, daß sie vor allem die Integrität ihres Landes hochhalten und die anhaltende Möglichkeit, von ihren Ressourcen nach ihren eigenen Vorstellungen Gebrauch machen zu können.

Es kommt daher nicht überraschend, daß die Inuit, Dene, Cree,

Naskapi, Innu und Métis alle gegen die neue Entwicklungsgrenze Stellung bezogen haben. So mancher hat natürlich bei den Öl- und Gas-Gesellschaften oder in einem Bergwerk Arbeit gefunden. Aber da die Modernisierung der Jäger-Trapper-Ökonomie nur begrenzt fortgeschritten ist, zeigt sich, daß die Arbeitsmöglichkeiten und Jobangebote ungleichgewichtig verteilt sind. Investititionen auf dem Lohnarbeitssektor stehen keine gleichwertigen Entwicklungs- oder Schutzmaßnahmen gegenüber, die der Jagd und dem Fallenstellen zugute kämen – wohingegen der drastische Preisverfall für Robbenfelle in den 80er Jahren die monetäre Abhängigkeit selbst der entschlossensten Jägerfamilien noch einmal hervorgekehrt hat.

Alle Menschen haben Angst um ihr Land und um ihr kulturelles Überleben: die Möglichkeit, jagen und Fallen aufstellen zu können, macht eine ständige Überprüfung der Grenzaktivitäten notwendig, die eine mögliche Koexistenz unterschiedlicher Formen wirtschaftlichen Lebens im Norden behindern. Ebenso wie der Goldrausch einen Grund ergab für die Unterzeichnung der Verträge 8 und 11 mit den Dene, so hat die jüngste Aufregung in den nördlichen Grenzgebieten eine wichtige Rolle gespielt beim Zustandekommen von Verhandlungen und sogar Abmachungen zwischen der kanadischen Regierung und den Menschen in Nord-Quebec (im Falle des Wasserkraft-Projekts James Bay) und den Inuvialuit des Mackenzie-Deltas (was die Ölförderung und die weitere Entwicklung in der Beaufort-See angeht). Sinn und Zweck dieser neuen Verhandlungen und Abkommen (wie schon die wahren Absichten hinter den Verträgen des neunzehnten und frühen zwanzigsten Jahrhunderts) bestehen darin, den nördlichen Jägern zu garantieren, daß sie den von ihnen bevorzugten Lebensweg wählen dürfen. Und sie machen darauf aufmerksam, daß sie chancenlos wären, falls ihre Kultur und ihr Land von den Grenzen des Südens zerstört würden.

KAPITEL 12

Strategien des Überlebens

Cree und Dene pflegen zu sagen, daß jemand, der voller Zorn ist, den die Ungeduld auffrißt, das Opfer einer feindlichen Medizin geworden ist. Die Inuit sehen Zorn als kindisch und selbstzerstörerisch an, Zeichen dafür, daß das isuma eines Menschen sich nicht entwickelt hat. Dene halten die Ungeduld für gefährlich. Freundlichkeit, Gastfreundschaft und Geduld sind wesentlich für das Leben der Jäger und nicht zu trennen von ihren Forderungen, ein fester Bestandteil ihrer Kultur.

Die alteingesessenen Kulturen des Nordens finden sich im wirtschaftlichen und politischen Hinterland fremdvölkischer Nationalstaaten wieder – das meint die ehemalige Sowjetunion ebenso wie die USA und Kanada. Vieles ist von diesen Ländern ausgegangen, das sich mit dem, wie die nördlichen Völker in der Welt denken, fühlen und handeln, nur schwerlich verträgt. Als indigene Minderheit im fremden Grenzgebiet vereinnahmt zu sein, heißt, daß man vielen politischen und gesellschaftlichen Gefährdungen ausgesetzt ist. Kompromisse mit Neuankömmlingen sind vielleicht möglich und zu Zeiten auch nützlich, wenn aber das ferne Zentrum gerade jenes Land für sich beansprucht, auf dem die Jäger und Trapper leben, muß selbst Gastfreundschaft an ihre Grenzen stoßen. Wenn Fremde die Bitte ignorieren, die Rechte der Jäger und Trapper zu achten und ihr Gesetzessystem ernst zu nehmen, ist Geduld schnell fehl am Platz. Wenn kulturelle und materielle Verluste so hoch sind, daß das Überleben auf dem Spiel steht, erreicht man mit Freundlichkeit sehr wenig.

Älteren Menschen aus dem Norden mag die moderne Politik schrill und widerwärtig vorkommen. Und womöglich unterminieren die Methoden des politischen Aktivismus, Wahlkampfkampagnen eingeschlossen, in der Tat gerade diejenigen Kulturen, die durch solche Kampagnen verteidigt werden sollen. Aber dies sind Risiken, deren sich die Menschen wohl bewußt sind. Sie haben sich dafür entschieden, sich der Methoden des weißen Mannes zu bedienen, um ihr Land und ihre Rechte zu verteidigen. Es mag dies ein schwieriger und unangenehmer Weg sein, aber es geht ums Überleben.

Die Lebensweisen nördlicher Jägergesellschaften verdanken sich ih-

rer Koexistenz mit dem Land. Gesundheit beruht auf dem Zusammenhang von sozialen und natürlichen Systemen, auf Beziehungen zwischen Formen der Autorität, Mobilität, der Kindererziehung oder solchen zwischen Sprache und Fleisch, Fisch, Bäumen, Eis und dem Land selbst. Solche Beziehungen sind weder kurios noch romantisch; aus ihnen erwachsen individuelle Stärke, Familienglück und nicht zuletzt das Gewebe der Kultur, und die Zukunft hängt von ihnen ab. Wo die Verbindungen abreißen, beginnen die modernen Übel. Um ihnen zu widerstehen und um die durch Grenzbildungen verursachten Schäden wieder gut zu machen, bedarf es moderner politischer Strategien. Doch das Wesen der Verbindungen, die durch diese Politik aufrechterhalten und wiederhergestellt werden sollen, wirft Fragen der Autorität und der Rechtsprechung auf, Fragen darüber, wer bestimmen soll, wie das gesellschaftliche Leben und die soziale Ordnung auszusehen haben, aber auch – und vielleicht deswegen – Fragen der Ökologie und des umweltbewußten Wirtschaftens.

Verhandlungen mit dem Ziel, diese politischen Fragen zu beantworten, führen zum Zusammenprall ideologischer und moralischer Gegensätze. Die indigenen Völker des Nordens sind egalitär; ihre Verhandlungspartner jedoch suchen für alle Probleme nach hierarchischen Lösungen.

Jäger und Trapper verfechten subtile, einfühlsame und komplexe Annäherungen an die Welt, um sie in ihrem gegenwärtigen oder natürlichen Gleichgewicht zu halten; Vertreter moderner Nationalstaaten – Entwicklungsexperten, Beamte im öffentlichen Dienst, Grenzer – bringen ihren nachdrücklichen Glauben an zukünftigen Wohlstand in klaren, simplen Worten zum Ausdruck. Für die Menschen des Nordens sind Umweltschutz und soziale Sicherheit davon abhängig, daß ihre Gemeinden reale Macht über ihr Territorium haben. Für die Beamten in den Hauptstädten wird die Macht ihren Sitz immer im Zentrum haben – und wenn nicht in dem der Nation, dann in einem ihrer Provinzen.

Der Egalitarismus ist der Hierarchie entgegengesetzt, Subtilität ist das Gegenteil von Vereinfachung, Gemeinschaft unvereinbar mit zentralisierter Macht. Und jenseits dieser Oppositionen existiert eine andere Art von Zukunftsglauben. Jäger setzen nicht auf ihre Stärke, um neue Formen der Zukunft zu gestalten; sie suchen einer unvorhersehbaren Welt

in jenem sorgsamen Zusammenschluß von Kräften, Glaubensvorstellungen und Gebräuchen zu begegnen, worin sie seit Hunderten, ja Tausenden von Jahren ihr Vertrauen gesetzt haben. Hier herrscht ein tiefer und zutiefst wahrhaftiger Konservatismus.

Industrienationen und solche auf dem Weg dorthin verschreiben sich der Zukunft mit sehr viel Optimismus und Zuversicht, sie setzen – wenn auch blindlings – auf ihre Fähigkeit, alle anstehenden Probleme lösen zu können und Schäden, die möglicherweise durch die ökonomische Entwicklung verursacht wurden, aus der Welt zu schaffen. Hier herrscht der anhaltende Radikalismus der Wachstumsideologie.

Jäger sagen: wir wollen sichergehen, daß wir uns bei unseren Enkelkindern nicht entschuldigen müssen. Die Leute, die den Norden entwikkeln wollen, leben in einem normierten Universum – sie haben keine solchen Ängste.

Eigentümlichkeit und Problematik der nördlichen Politik sind klar. Ein Autoritätssystem, das auf der Untrennbarkeit von Land, Tieren und einer Gesellschaft beruht, die die Erneuerbarkeit ihrer Ressourcen sicherzustellen versucht, stellt einige der Grundannahmen modernen politischen Lebens in Frage. Die Nationalstaaten des Nordens haben sich einer Form wirtschaftlichen Wachstums verschrieben, die sich auf die Annahme beruft, ständig wachsende Bedürfnisse könnten durch neue, wenngleich häufig noch unbekannte Rohstoffe befriedigt werden. Das Wohlergehen indigener Völker stützt sich auf keinen solchen Glauben an künftige Ressourcen und baut auch nicht auf die Erzeugung neuer Bedürfnisse. Die Beteiligung an einer Regierung, die die Entwicklung des Landes auf nicht erneuerbarer Grundlage betreibt, kann für sie daher keine Lösung sein. Die Anpassung an Institutionen der Macht, die allein auf Profit setzen und die Zukunft bereitwillig der Gegenwart opfern, stellt einen Verlust an Stärke dar.

Seit den sechziger Jahren des zwanzigsten Jahrhunderts haben die nördlichen Jägervölker eine Reihe von Vorgehensweisen und Abkommen mit den Zentralregierungen ausgehandelt. Zustande kamen diese vor dem Hintergrund drastischer Bedrohungen ihres Landes und ihrer Lebensweise. Die Entdeckung von Öl in der Nordalaskasenke und Gerüchte, daß im südöstlichen Alaska für den Bau eines Hafens, den auch tief-

Neulich machte ich einen Spaziergang in Yellowknife ... und ich kam an einem Haus vorbei, vor dem ein Hund angebunden war. Ich sah ihn nicht, und urplötzlich sprang der Hund auf und bellte mich heftig an; nachdem ich an der Stelle vorüber war, sagte ich mir: „Dieser Hund hat dir eine Lektion erteilt." Wissen Sie, so oft sieht man die eingeborenen Völker, wenn sie von der Regierung meiner Meinung nach über die Maßen unterdrückt werden. Wir gehen nie hin und bellen, und deshalb nimmt niemand Notiz von uns; nun ist es an der Zeit, daß wir, die Bewohner dieses Nordlandes, aufstehen und bellen.
Jim Sittichinli
Aklavik

Wir wollen über unser Leben und unser Land und seine Ressourcen selbst bestimmen. Wir wollen unser eigenes Regierungssystem haben, mit dem wir unser Land zu unserem eigenen Nutzen kontrollieren und entwickeln können. Wir wollen das exklusive Recht haben, zu jagen, zu fischen und Fallen zu stellen ... Wir müssen wieder ein Volk werden, das über seine Geschichte selbst bestimmt. Und wer in der Lage ist, seine eigene Geschichte zu machen, ist auch in der Lage, seine eigene Zukunft zu gestalten, eine Gesellschaft aufzubauen, die das Beste von unserer Vergangenheit und unseren Traditionen bewahrt, während wir lernen, als Volk insgesamt zu wachsen und uns zu entwickeln.
Robert Andre
Arctic Red River

Hält uns die Bundesregierung denn nicht für Menschen? Glaubt man dort, wir hätten keine Geschichte?
Richard Nerysoo
Fort McPherson

gängige Schiffe anlaufen sollten, Nuklearsprengungen vorgenommen würden, haben zum Wachstum einer Bewegung beigetragen, die sich für die Rechte der indigenen Bevölkerung Alaskas einsetzt und die wesentlich zur Formulierung des Alaska Land Claims Act [Gesetz, das die territorialen Ansprüche der indigenen Bevölkerung Alaskas regelt; Anm. d.Übs.] von 1971 beigetragen hat. Ähnliche Bewegungen in Kanada nahmen sich diese Aktivitäten in den USA zum Vorbild. 1969 gründeten die Inuvialuit des Mackenzie-Delta, zum Teil als Reaktion auf die in diesem Gebiet vorangetriebene Erkundung und Nutzung von Öl- und Gasvorkommen, das Committee of Original People's Entitlement (CO-PE) [Komitee für die Rechtsansprüche der Ureinwohner; Anm.d.Übs.]. Zwei Jahre später wurde in Ottawa eine nationale Organisation der kanadischen Inuit, Inuit Tapirisat of Canada (ITC) gegründet, wörtlich „die Mannschaft des Volkes" oder „Zusammenarbeit" und oft mit „Eskimo-Bruderschaft" wiedergegeben. Daraufhin bildeten sich die Indian Brotherhood [Indianische Bruderschaft], die die Dene der Nordwest-Territorien repräsentierte, der Council of Yukon Indians [Rat der Yukon-Indianer], der Grand Council of Chiefs [Großer Rat der Häuptlinge] bei den Cree der James Bay, die Labrador Inuit Association [Verband der Labrador-Inuit], es entstanden mehrere Métis-Vereinigungen, Organisationen bei den Naskapi und Montagnais in Quebec sowie den Kaska-Dena im nördlichen British Columbia, aber es kam auch zur Neugruppierung von Völkern, die ihre Territorien aufgrund alter Verträge, deren Rechtmäßigkeit angezweifelt werden kann, verloren hatten..

Der Impuls, der diese und andere politische Gruppen entstehen ließ, gab in den 70er und 80er Jahren keineswegs nach. Unterstützung kam 1969 durch ein Strategiepapier des kanadischen Ministerpräsidenten Pierre Trudeau, in dem erklärt wurde, daß die kanadische Regierung den Sonderstatus für Indianer aufzuheben und die ganze Idee indigener Rechtsansprüche effektiv in Abrede zu stellen gedenke. Wütende Proteste veranlaßten die kanadischen Provinzregierungen dazu, die Angelegenheit noch einmal zu überdenken und schließlich – durch die Entscheidung des Obersten Gerichtshofes im Fall der Nishga (1971) etwas unter Druck geraten – einzuräumen, daß indigene Rechtsansprüche in der Tat bestanden und daher definiert werden müßten.

Von 1971 bis 1973 kämpften die James-Bay-Cree und die Inuit des

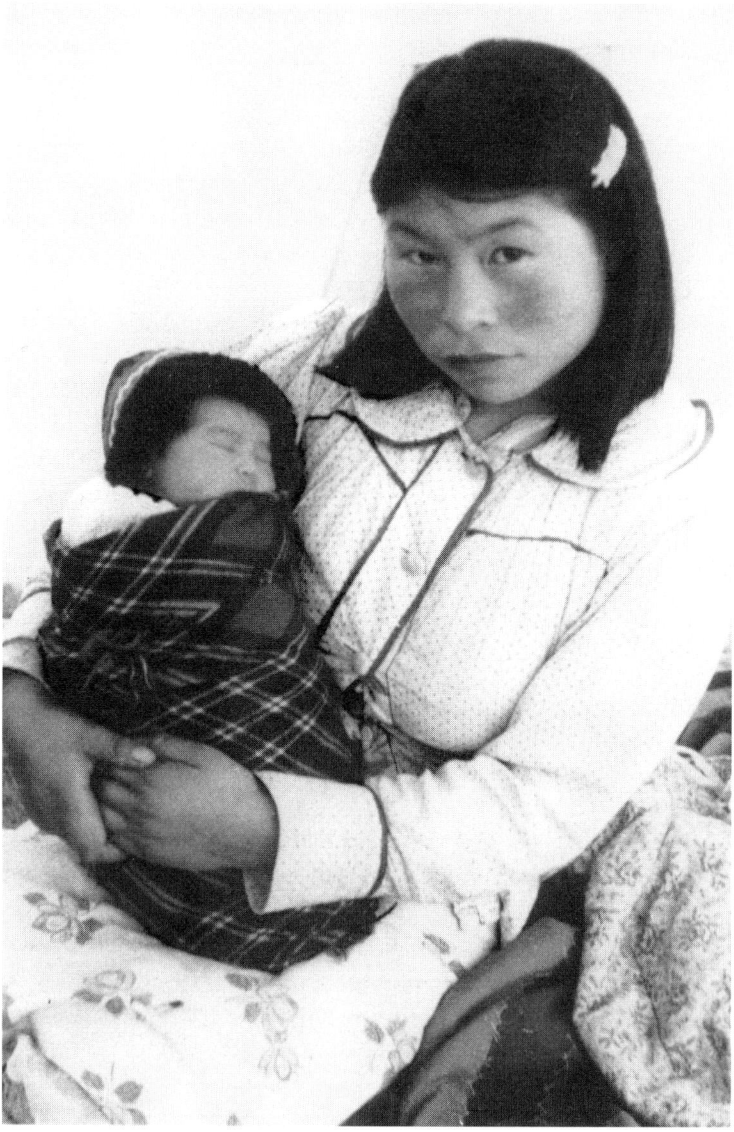

arktischen Quebec, um die Eindämmung aller größeren Flüsse im nordwestlichen Teil von Quebec und die Überflutung hunderter Quadratmeilen von Cree-und Inuit-Land zu verhindern. Es gelang ihnen nicht, das Projekt zu Fall zu bringen, sie erreichten aber eine Ausgleichsregelung, worin ihre Rechtstitel über 5200 Quadratmeilen bejagbaren Landes anerkannt und ihnen auf 60 000 Quadratmeilen die exklusiven Jagd-, Fischerei- und Fallenstellrechte zugesprochen wurden, des weiteren eine Reihe von Vergünstigungen, so z.B. umfassende Unterstützung für Familien, die es vorzögen, auf und von ihrem Land zu leben.

Wie die Verhandlungspositionen anderer Bevölkerungsgruppen wurde auch das James-Bay-Abkommen kritisiert, weil dabei versäumt worden sei, auf der Zementierung indigener Rechte und der Einrichtung eines Rechtsprechungs- bzw. Verwaltungssystems zu bestehen, das die unantastbare Kontrolle über ihre Territorien garantieren würde. Die Kritiker waren der Ansicht, daß die Gegensätze zwischen der indigenen und der eurokanadischen Weltanschauung und Kultur zugunsten von Quebec City und Ottawa gelöst würden. Verstärkt kamen Ängste zum Ausdruck, daß das wahre Herz der indigenen Gesellschaft des Nordens – jene Familien, die sich auch weiterhin an ihre eigenen Gesetze und Bräuche hielten und danach lebten – in Vergessenheit geraten könnte. Zumindest teilweise sah man im Falle der James-Bay-Cree und der Quebec-Inuit externen Druck und Nötigung am Werk – Häuptlinge und Älteste unterzeichneten die damaligen Abkommen mit der Pistole der Entwicklungsplaner an der Schläfe. Aber in anderen Fällen wuchs das unbehagliche Gefühl, daß die politische und entwicklungsbezogene Zusammenarbeit nur zu Kompromissen und einer möglicherweise endgültigen Niederlage führten.

Dann erschienen die Dene des Nordwest-Territoriums als völlig neue politische Kraft im kanadischen Norden. Die Indian Brotherhood der Nordwest-Territorien identifizierte sich ausdrücklich mit den Kämpfen, die damals in der Dritten Welt stattfanden. Der Nationalismus führte zum Wiedererstarken der Bemühungen um ein kulturelles Überleben. 1975 kam dies in einer Verlautbarung zum Ausdruck, die als Dene Declaration [Dene-Erklärung] bekannt wurde. Sie begann mit diesen Worten:

Entwicklung muß etwas sein, das dem Volk Kontrolle gewährt ... Wir meinen, Entwicklung sollte geordnet verlaufen, sie sollte geplant werden und sich dem Tempo der Leute vor Ort anpassen, und sie sollte den Menschen vor Ort zugute kommen.
Georges Erasmus
Yellowknife

... es ist mein Glaube, daß wir etwas für uns und die Zukunft unserer Kinder erreichen könnten, wenn wir uns alle zusammen erheben und für das, was wir wünschen, kämpfen und nicht aufgeben.
Charlie Snowshoe
Mackenzie Valley

Wenn ein Indianer atmet, so ist das Politik.
Cindy Gilday
Yellowknife

> Wir, die Dene der Nordwest-Territorien, bestehen auf dem Recht, von uns selbst und der Welt als Nation anerkannt zu werden. Und wenn es auch Realitäten gibt, denen wir uns beugen müssen, wie die Existenz eines Landes namens Kanada, so bestehen wir als eigenständiges Volk dennoch auf dem Recht der Selbstbestimmung.
>
> 1978 änderte die Indian Brotherhood ihren Namen in Dene Nation.

Die Wirkung, die dieser Vorstoß hinsichtlich indigener Rechte im kanadischen Norden auslöste, war dramatisch. Andere Gruppen erkannten, daß die Dene damit echte Anliegen zum Ausdruck gebracht hatten – nach Gleichheit und Unabhängigkeit, nach einem politischen Raum, innerhalb dessen sie sich als eigenständige Gesellschaften auf der Grundlage erneuerbarer Ressourcen kontinuierlich weiterentwickeln könnten. Die nationalistische Formulierung des Themas ließ das Gefühl aufkommen, es könne womöglich ein juristisch abgesicherter Schutzzaun um die nördlichen Kulturen herumgezogen werden, verbunden mit der Vorstellung echter Garantien für die von den dortigen Bewohnern gewählte Art der Ressourcen- und Landnutzung. Es schien so, als wäre dies der Ausdruck einer neuen politischen Ordnung im Norden. Das Aufeinandertreffen entgegengesetzter Ideologien, der Weltanschauung der Jäger und kanadischer Vorstellungen vom Norden, machte den Eindruck, als könne die Situation zugunsten der Jäger und Trapper gelöst werden.

Die Bedingungen der Debatte über Territorien und Kulturen änderten sich, und es kam zu einer neuen Polarisierung. Die Haltung der Dene diesem Problem gegenüber war für den Durchschnittskanadier so beunruhigend, wie sie für die Jäger des Nordens verständlich war. Die Führer der Dene suchten nach tiefgreifenden Änderungen. Auch bestanden sie darauf, daß zu den Treffen mit Regierungsbeamten eine Gruppe von Dene-Ältesten zugelassen wurde, da man sicherstellen wollte, mit ihrem Problemverständnis an Ort und Stelle rechnen zu können, vor allem wenn es um die Billigung irgendwelcher Vorschläge ging. Die Dene Nation wurde heftig angegriffen – man beschuldigte sie sowohl der politischen Obstruktion als auch des Revoluzzertums.

Die Diskussion hält in ganz Kanada an – und wird wohl auch noch die nächste Generation beschäftigen. Es ist ja auch kein Problem, für das

es eine endgültige Lösung geben könnte. Verhandlungen über die Rechte der indigenen Bevölkerung können – und sollten vielleicht – zu einem dauerhaften Thema auf der politischen Landkarte werden. Aber es gibt Meilensteine auf dem Weg. Bei den vom Berger-Untersuchungsausschuß Ende der 70er Jahre anläßlich des Bauvorhabens der Mackenzie-Valley-Pipeline veranlaßten Hearings erreichten die konsequent und mit großer Beredsamkeit und Leidenschaft vorgetragenen Forderungen der einheimischen Bevölkerung, ihr Land und ihr Leben zu respektieren und in die Verantwortung derer zu übertragen, die seit Jahrtausenden dort leben, die Ohren und sogar die Herzen von Millionen Nordamerikanern. In den 80er Jahren erbrachte die Diskussion über die Aufteilung der Nordwest-Territorien in zwei neue Verwaltungsbezirke, Nunavut für die Inuit und Denendeh für die Dene, zumindest eine gewisse Zustimmung, was den Wunsch der dort lebenden Menschen angeht, über ihr Leben und ihr Land selbst bestimmen zu können.* Gerichtsbeschlüsse, die die indigenen Rechte der James-Bay-Cree trotz des diesbezüglichen Abkommens bekräftigten, die Forderung der Innu nach einem eigenen Verwaltungsbezirk, Ntesinan genannt, auf der Halbinsel Labrador-Quebec und die anhaltende Debatte um die korrekte Anerkennung des Geistes der Verträge, die mit Dene-Gruppen in British Columbia, Alberta und Saskatchewan geschlossen worden waren – überall kommen darin die Bedürfnisse und Ängste zum Ausdruck, wie sie Jäger verspüren, seitdem Weiße ihre nördliche Heimat zur Grenze des Südens erklärt haben.

Eine Teilung der Nordwest-Territorien und die Schaffung neuer politischer Einrichtungen sind von sich aus noch keine Garantie, daß die Menschen ihre eigene Regierung und Rechtsprechung erhalten. Ob durch die Änderungen erreicht wird, was alten Verträgen und neuen Abmachungen bislang nicht gelungen ist – die Verankerung anstatt des Verlustes indigener Befugnisse –, hängt im einzelnen von neuen Formen der Regierung im Norden ab. Eine zentrale Schwierigkeit liegt in dem Problem, wie die Interessen weißer Neuankömmlinge beschützt werden sollen – falls sie überhaupt beschützenswert sind –, eine andere darin, den

* Anm.d.Übs.: Für die kanadischen Inuit hat sich dieser Wunsch mit der Schaffung des autonomen Territoriums Nunavut inzwischen erfüllt. Das Abkommen darüber tritt 1998 in Kraft.

Status neuer Regierungsformen innerhalb der kanadischen Konföderation zu definieren und die Frage zu beantworten, wie die indigenen Völker ihre Rechte gegenüber einer möglichen Einwandererflut aus dem Süden schützen könnten. In Gegenden, deren Geschichte durch Zeiten ungewöhnlichen wirtschaftlichen Aufschwungs und ebenso überraschenden Niedergangs – mit schwerwiegenden Folgeschäden - gekennzeichnet sind, vom Yukon-Goldrausch über die Kohlenwasserstoffausbeutung im gesamten Norden bis hin zu den NATO-Stützpunkten auf Labrador, sind sich indigene Gruppen dessen bewußt, wie schnell sie, und sei es auch nur vorübergehend, von der bloßen Zahl des Gegners überwältigt werden können.

Vorschläge, wie solchen Schwierigkeiten zu begegnen sei, hat es genügend gegeben; sie reichen von Anregungen, aus den weißen Städten im Norden Reservate für Neuankömmlinge zu machen, bis hin zum Nachweis eines drei bis fünf Jahre bestehenden Wohnsitzes als Voraussetzung, um wählen zu dürfen, oder zur Aufteilung in neue Regierungs- und Verwaltungsbezirke, und zwar derart, daß indigene Gemeinschaften in allen Angelegenheiten, die sie betreffen, mit einem Vetorecht ausgestattet werden sollten. Gleichzeitig müssen all jene nördlichen Jäger und Trapper, die nicht in den Nordwest-Territorien oder in der Yukon-Region leben, sondern in einer der kanadischen Provinzen, Wege finden, wie sie deren Behauptung, alles Land außerhalb der Reservate gehöre der Krone, d.h. den Provinzen,und nicht den Menschen, die seit Jahrtausenden dort leben, widerlegen können. Während Neuankömmlinge in den Territorien oder Siedler und andere weiße Grenzbewohner in den Provinzen sich erlauben, das Land ohne weiteres in Besitz zu nehmen und – in vielen Gebieten – zu verwüsten, werden die Forderungen der einheimischen Bevölkerung nach neuen Formen der Gerichtsbarkeit für ihr künftiges Wohlergehen eine entscheidende Rolle spielen.

Hinter all den spezifischen Vorschlägen zum Schutz der Kultur und des Landes der nördlichen Völker verbergen sich die Anliegen, die Thema dieses Buches waren. Es sind Forderungen nach Anerkennung, nach der Aufgabe absurder, sich selbst bestätigender Klischees; es geht um das Recht, als gleichberechtigte moderne Völker weiterzuleben; eine Chance, ihren eigenen egalitären Individualismus ausleben und ihre Kinder gemäß den eigenen Idealen von einem menschlichen und naturverbundenen Leben großziehen zu können. Während wir etwas über diese Forderungen und die Kulturformen, auf denen sie beruhen, erfahren, blicken wir über eine beträchtliche Entfernung; es gibt keine Abkürzung, die von unserem industriellen Bewußtsein mit seiner kurzen Geschichte und den Wurzeln im europäischen Bauernleben zu den Kulturen des Nordens führte, die sich über Jahrtausende hinweg einen präzisen und doch flexiblen Platz in einer Umwelt geschaffen haben, die von der unseren so verschieden ist. Womöglich entdecken wir, daß indigene Völker Bräuche und Glaubensvorstellungen von einer Stärke und Wahrheit haben, die wir zu übernehmen hoffen. Es gibt Vieles im hohen Norden, wovon die Bewohner des gemäßigten Südens lernen können. Die Entfernung, die den Süden vom Norden, den Bauern vom Jäger, die Stadt von der Wildnis trennt, ist dessen ungeachtet enorm.

Die Überlebensstrategien nördlicher Völker haben eine starke Resonanz gefunden: der Wunsch nach politischer Kontrolle in den Händen jener, die um die natürlichen Ressourcen der Welt wissen und sie nutzen; die Sehnsucht nach stärkerer Gleichheit; die Notwendigkeit der Dezentralisierung; der Wunsch, das Land für unsere Enkel zu bewahren; ein Konservatismus, der sich mit wahrer Radikalität für die Überlegung einsetzt, derzufolge Konsumbedürfnisse und Reichtümer nicht ständig wachsen können, so als wären die Ressourcen der Welt unerschöpflich; der Wunsch, die Kinder mit Methoden aufzuziehen, die weniger Angst erzeugen; das Verlangen, seine eigene Sprache ungeachtet von Herkunft und Klassenzugehörigkeit ohne Furcht und ohne Scham sprechen zu können; und der Wunsch nach einem Individualismus, der nicht durch Hierarchien und Privilegien gefesselt ist.

Die Strategien der indigenen Völker sind keineswegs von isoliertem und begrenztem Interesse. Die Bewegung für die Anerkennung indigener Rechte in Kanada geht jeden an. Das mag im einzelnen provinziell erscheinen, doch könnten die Implikationen kaum größer sein.

Fotolegenden und Fotonachweis

Bei Archivfotos beruhen die Bildlegenden und –nachweise auf den verfügbaren Informationen. Diese sind manchmal spärlich. K.F. bedeutet, daß kein(e) Fotograf(in) identifiziert werden konnte, o.D., daß der Zeitpunkt, an dem Foto aufgenommen wurde, unbekannt ist. Die jeder Legende vorangehende Zahl bezeichnet die Seite, auf der die Abbildung zu finden ist.

Monochrome Platten

6 Ida Aivek, Holman Island, sie trägt einen Parka mit Kapuze aus Vielfraßfell, wie er für die westliche Arktis typisch ist. *Ulli Steltzer, 1980.*

10 Jungen vom George River, Quebec. *Ulli Steltzer, 1981.*

17 Englische Forschungsreisende sind in ein Geplänkel mit den Inuit verwickelt. Kopie nach einem verlorenen Original von John White, das vielleicht eine Szene auf Baffin Island von Frobishers zweiter Reise, 1577, zeigt. *Trustees of the British Museum, Department of Prints and Drawings.*

18 Berge im Winter, North Baffin Island. *Ulli Steltzer, 1980.*

20 Wahrscheinlich Cree, Foto mit der vagen Beschreibung „Herstellung von Birkensirup, 1900-1930“. *K.F., Public Archives of Canada.*

22 Kanadise Uyarashuk und Charlene in ihrem Haus in Igloolik in der östlichen Arktis. *J.C.H. King, 1986.*

24 Dene-Fischer am Whitestone River, Nordwest-Territorien. *J.L. Grew, ca. 1945. Public Archives of Canada.*

26 Fischer auf dem zugefrorenen Meer füllen Saiblinge in Säcke ab. Paulatuk. *Ulli Steltzer, 1980.*

28 Familie House in ihrem Jagdlager nördlich von La Grande River, Quebec. *J.C.H. King, 1986.*

30 Das zugefrorene Meer bei Igloolik. *Ulli Steltzer, 1980.*

32 Zwei Schiffe der Hudson's Bay Company, die „Prince of Wales“ und die „Eddystone“, beim Tauschhandel mit Inuit von den Upper Savage Islands, Hudson Strait. *Wasserfarben, von Robert Hood (1797-1821). Public Archives of Canada.*

34 (oben) Naskapi-Jäger und Karibu. Wasserfarben, von William Hind (1833-88), 1861. Hind und sein Bruder Henry führten die erste europäische Expedition ins Innere von Labrador durch. *Notman Archives, McCord Museum, McGill University, Montreal.*
(unten) Labrador-Jäger im Kajak. Mit dem Vermerk „nach der Natur gezeichnet“, von Peter Rindisbacker, 1821. *Public Archives of Canada.*

36 Mit dem Vermerk „Nanook erfreut sich an einer Harry-Lauder-Schallplatte“. Standfoto aus dem Film „Nanook of the North“ oder von Flaherty vor Ort gemachte Aufnahme. *Aus dem Coward Album, Notman Archives, McCord Museum, McGill University, Montreal.*

39 Cree bei einem Sommertreffen am Great whale River, Quebec. *S.J.Bailey, Department of Indian and Northern Affairs, 1948. Public Archives of Canada.*

51 Padleimiut-Frau. Sie kratzt den Reif vom Eisfenster im Innern eines Schneehauses, westliche Hudson Bay. *Richard Harrington, ca. 1950. Public Archives of Canada.*

106 Inuit transportieren Kajak über Land und umgehen Packeisreste.
K.F., datiert 1902-27. Notman Archives, McCord Museum, McGill University, Montreal.

108 Cree-Zelte im Sommerlager. Quebec.
Edmund James Peek, o.D., Anglican Archives, Toronto.

110 Square Dance am Baker Lake. *Ulli Steltzer, 1981.*

114 Beladener Doppelschlitten mit Hund, zentrale Arktis.
Diamond Jenness (?), ca. 1915. National Museums of Canada.

118 Natalino Attagutaluk, Igloolik. *Ulli Steltzer, 1980.**

120 Siedlung an der Pelly Bay. *Ulli Steltzer, 1980.*

123 Animorunna-Trommeln im Herbstlager, zentrale Arktis.
Diamond Jenness (?), ca. 1915. National Museums of Canada.

126 Natalino Attagutaluk trommelt. Igloolik. *Ulli Steltzer, 1979.*

128 Frühlingslager der House-Familie, nahe der Mündung des La Grande River, Quebec. *J.C.H. King, 1986.*

132 Christopher Attagutaluk mit Ringelrobbe. Igloolik. *Ulli Steltzer, 1980.**

134 Trommeltanz der Copper Inuit in großem Schneehaus. Das Haus wurde, um fotografieren zu können, aufgeschnitten.
R.S. Finnie, Department of Indian and Northern Affairs, 1931. Public Archives of Canada.

138 Gruppe beim Gerichtsverfahren gegen Sinissiak und Uluksak, zwei Copper Inuit, denen der Mord an einem katholischen Priester zur Last gelegt wurde. Links von Sinissiak steht Koeha, Zeuge der Anklage, rechts von Uluksak der Dolmetscher Patsy Klenkerberg. Dahinter stehen die Verteidiger und die Anwälte der Krone.
1917 in Edmonton, Alberta, aufgenommen. Glenbow Museum, Calgary.

140 Mission der Mährischen Brüder in Labrador. *Wasserfarben, von Leutnant zur See(?) Hall, ca.1800-30. Public Archives of Canada.*

142 Maxim Marion, ein Métis-Pfadfinder. *K.F., 1872. Public Archives of Canada.*

144 Gottesdienst der Mährischen Brüdermission, Nain, Labrador. *Ulli Steltzer, 1981.*

147 Peter Morgan und sein Sohn Matthew, George River, Quebec. *Ulli Steltzer, 1981.**

150 Dene-Frau mit Kleinkind in Trage aus Moos, Fort Resolution, Nordwest-Territorien.
K.F., mit dem Vermerk „1905-31". Public Archives of Canada.

152 Kind und Robbenfelle, Holman Island. *Ulli Steltzer, 1981.*

154 Padleimiut-Frau, während der Hungersnot von 1949/50 aufgenommen, unter der vor allem die Inuit der Barren Lands, westlich der Hudson Bay, litten.
Richard Harrington, 1950. Public Archives of Canada.

156 Paulatuk-Kinder im Sommer. *Ulli Steltzer, 1980.*

159 Hinweistafel in Igloolik, geschrieben in der von Missionaren für die nördlichen Indianer entwickelten Silbenschrift, die in den 1880ern für das Inuktitut adaptiert wurde, und auf Englisch. *Ulli Steltzer, 1980.*

162 Kinder spielen im August auf küstennahem Eis. Holman Island. *Ulli Steltzer 1980.*

164 Mann mit Polartaucher, östliche Arktis. *J.C.H. King, 1986.*

166 Sommertanz in einem Schulgebäude, östliche Arktis. *Nelson H.H. Graburn, 1960.*

170 Seite aus dem Gesangbuch der Arctic-Revivalist-Bewegung, veröffentlicht von der Christian Arctic Fellowship, Baker Lake, Nordwest-Territorien. Die Schriftzeichen auf dem Rettungsring bedeuten „Gottes Worte“. *K.F., 1987. British Museum.*

172 Seite aus einem Sprachkundebuch in der Dogrib-Sprache, wie es in Rae Edzo in den Nordwest-Territorien zur Unterrichtung von Dene-Kindern im Lesen und Schreiben benutzt wird. *K.F., 1982. Government of the Northwest Territories.*

174 Elijah Tigullaraq arbeitet mit einem Computer. Igloolik. *J.C.H.King, 1986.*

177 Damarris Ulayoks Küche, Igloolik. *J.C.H. King, 1986.*

178 Dene-Gruppe am Whitesand River, Nordwest-Territorien. *J.L. Grew, Department of Indian and Northern Affairs, ca. 1940. Public Archives of Canada.*

180 Peter Morgan und Joshua Annanack bei Reparaturarbeiten am Motor ihres Schneemobils. George River, Quebec. *Ulli Steltzer, 1981.*

182 (oben) Jacob Ipkangnak daheim in einem vorfabrizierten Dorfhaus, Igloolik. *J.C.H. King, 1986.*
(unten) Männer daheim in einem Frühlingsschneehaus, das mit Zeitungspapier isoliert ist: als Wärmeschutz und um das Tröpfeln von Schmelzwasser möglichst gering zu halten. Igloolik. *Richard Harrington, 1953. Public Archives of Canada.*

184 Padleimiut-Frau vertreibt sich mit Fadenspiel die Zeit. Barren Lands, Nordwest-Territorien. *Richard Harrington, 1950. Public Archives of Canada.*

186 Igloolik-Schnitzer. *Ulli Steltzer, 1980.*

190 Helen Kringorn,. Pelly Bay. *Ulli Steltzer, 1980.*

193 Charles V. Sale, Gouverneur der Hudson’s Bay Company, eröffnet im Beaver House in Vancouver neue Verkaufsräume. *K.F., 1928. Hudson’s Bay Company.*

194 Dene-Frauen und Dudelsackpfeifer, Cape Smith, Nordwest-Territorien. *D.L. McKeard, Department of Indian and Northern Affairs, 1934. Public Archives of Canada.*

196 Händler beim Abmessen eines Biberfells in einem Handelsposten der Hudson’s Bay Company. *K.F., 1949. Hudson’s Bay Company.*

198 Inuk-Frau spielt Akkordeon in einem Schneehaus, östliche Arktis. *Richard Harrington 1952. Public Archives of Canada.*

200 Pelze in einem Auktionshaus der Hudson’s Bay Company, Vancouver (?). *K.F., o.D. Hudson’s Bay Company.*

202 Louis Riel, Métis-Führer. *K.F., ca. 1868. Public Archives of Canada.*

204 Ankunft von Dene-Trappern an einem Handelsposten in Churchill, Manitoba. *Richard Harrington, 1947. Hudson’s Bay Company.*

208 Trapper mit Polarfuchsfellen, Sachs Harbour, westliche Arktis. *Ulli Steltzer, 1980.*

210 Katholischer Priester vollzieht die Letzte Ölung in einem Schneehaus nahe Igloolik. *Richard Harrington, ca.1950. Public Archives of Canada.*

212 Cree-Hochzeit in York Factory, nördliche Manitoba. *R.D. Davidson, 1925. Public Archives of Canada.*

214 Schulgebete am „Missionstag“, zentrale Arktis. *Donald Marsh, ca. 1950. Polar Photos.*

216 Konstabler der Royal Canadian Mounted Police, zentrale Arktis.
K.F., o.D. Polar Photos.

218 Polizisten bei der Personenerhebung und Überprüfung von Familienbeihilfen. Windy River, Nordwest-Territorien. Der Junge trägt eine Scheibe mit Identifizierungsnummer, wie sie allen Inuit zwischen 1920 und 1970 durch Beschluß der kanadischen Bundesregierung zugeteilt wurden.
J.C. Jackson, 1950. Public Archives of Canada.

222 Krankenschwester gibt einem Inuk eine Spritze. Port Harrison, Quebec.
Richard Harrington, 1948. Public Archives of Canada.

224 Moderne Siedlung, östliche Arktis. *Ulli Steltzer, 1980.*

226 Jungen stapeln Vorräte in Lagerraum. Holman Island. *Ulli Steltzer, 1980.*

228 Tukilkee Kiguktak stellt ein kleines Schneehaus (Typ: Unterkunft für eine Nacht) fertig. Grise Fjord. Der letzte Schritt besteht darin, von innen den Eingang herauszuschneiden. *Ulli Steltzer, 1980.***

231 Schneeschuhe und Gewehr in einem Zelt. George River, Quebec.
*Ulli Steltzer, 1981.**

232 Cree beim Rauchen einer Pfeife im Naskapi-Stil. Great Whale Tiver, Quebec.
O.J. Murie, 1915. Public Archives of Canada.

234 Verhandlungen zum James-Bay- und Nord-Quebec-Abkommen. Im Vordergrund Chief Billy Diamond vom Großen Rat der Cree und Jean Chrétien, Minister für die Angelegenheiten des Nordens und der Indianer. *P. Tailler, ca. 1970. Montreal Star.*

236 Eine Gruppe von Trappern, Sachs Harbour, westliche Arktis. *Ulli Steltzer ,1980.**

240 Nivksinik mit einem neugeborenen Baby, das sie adoptiert. Sugluk, Quebec.
Nelson H.H. Graburn, 1959.

244 Marie Debora Atsatata in ihrer Wohnung, Nain. *Ulli Steltzer, 1981.*

* Erstmals veröffentlicht in: Ulli Steltzer, I*nuit: The North in Transition*. Vancouver 1982.
** Erstmals veröffentlicht in: Ulli Steltzer, *Building an Igloo*. Vancouver 1981.

Ausgewählte Literatur

Die folgende Liste von Büchern, Artikeln und Berichten haben beim Schreiben dieses Buchs geholfen. Die erste Abteilung enthält die Quellenangaben zu den Selbstaussagen der indigenen Bevölkerung, die zweite nennt die Quellen für die in den zwölf Kapiteln mitgeteilten Informationen und Ansichten. Dies ist keine umfassende Bibliographie zur Arktis/Subarktis.

1. *Die Stimmen der Völker*

Berger, T.R., *Northern Frontier, Northern Homeland,* vol. 1, Ottawa: Minister of Supply and Services, 1977. Protokolle der Gemeindeversammlungen der Mackenzie Valley Pipeline Inquiry, erhältlich in den Public Archives of Canada, Ottawa und der University Library, Cambridge, England

Brice-Bennett, Carol (ed.), *Our Footprints Are Everywhere: Inuit Land Use and Occupancy in Labrador,* Nain, Labrador: Labrador Inuit Association, 1977

Brody, Hugh, ‚Land occupancy: Inuit perceptions', in: *Freeman* (ed.) 1976, vol. 1

Brody, Hugh, ‚Continuity and change: Settlers and Inuit of Labrador', in: *Brice-Bennett,* 1977

Denendeh. *A Dene Celebration,* Yellowknife: The Dene Nation, 1984

Freeman, Milton M.R. (ed.), *Inuit Land Use and Occupancy Project,* Ottawa: Minister of Supply and Services, 1976

Pitseolak, Peter, *People from Our Side,* Edmonton: Hurtig, 1975

Richardson, Boyce, *Strangers Devour the Land,* Toronto: Macmillan, 1975

Riddington, Robin R., *Swan People: A Study of the Dunne-za Prophet Dance,* Ottawa: Mercury Series, National Museum of Man, 1978

Sidney, Angela, *Tagish Tlaagú.* Tagish Stories, aufgezeichnet von Julie Cruikshank, Whitehorse: Council for Yukon Indians, 1982

Smith, Kitty, *Nindal Kwädinür, ‚I'm Going to Tell You a Story',* Whitehorse: Council for Yukon Indians, 1982

Steltzer, Ulli, *Inuit: The North in Transition,* Vancouver: Douglas and MacIntyre, 1982

2. *Andere Quellen*

Bliss, L.C., ‚North American and Scandinavian tundras and polar deserts', in: *Tundra Ecosystems: A Comparative Analysis,* ed. L.C. Bliss, O.W. Heal und J.J. Moore, pp. 8–24, Cambridge: Cambridge University Press, 1981

Bockstoce, John R., *Whales, Ice, and Men. The History of Whaling in the Western Arctic,* Seattle: University of Washington Press, 1986

Briggs, Jean, *Never In Anger,* Cambridge, Mass.: Harvard University Press, 1970
Brody, Hugh, *The People's Land,* London: Penguin, 1975
Brody, Hugh, *Maps and Dreams,* 2. Aufl., London: Faber and Faber, 1986
Buliard, Father Roger P., *Inuk,* London: Macmillan, 1953
Calder-Marshall, Arthur, *The Innocent Eye. The Life of Robert J. Flaherty,* New York: Harcourt, Brace and World, 1963
Campbell, Maria, *Breed,* Edmonton: Hurtig, 1969
Canadian Arctic Resources Committee, ‚Brief to the Task Force on Native Claims Policy', *Northern Perspectives,* 13(5): 1–13, 1985
Cooke, A., *The Ungava Venture of the Hudsons's Bay Company, 1830–1843,* PhD Dissertation, University of Cambridge, 1969
Damas, D. (ed.), *Handbook of North American Indians,* vol. 5: *Arctic,* Washington: Smithsonian Institute, 1984
Dunning, R.W., ‚Ethnic relations and the marginal man in Canada', *Human Organization* 18(3), 1959
Ellis, Henry, *A Voyage to Hudson's Bay ...,* London: H. Whitridge, 1748
Fenge, Terry und Joanne Barnaby, ‚From recommendations to policy: battling inertia to obtain a land claims policy', *Northern Perspectives* 15(1), 1987
Hakluyt, Richard, *The Principal Navigations Voyages Traffiques and Discoveries of the English Nation,* vol. 8, Glasgow: James MacLehose and Sons, 1903–1905
Harrington, Richard, *The Face of the Arctic,* New York: Abelard-Schuman, 1952
Harris, Marvin, ‚The 100 000 year hunt', *The Sciences* 26(1), 1986
Harrison, Julia D., *Métis, People Between Two Worlds,* Vancouver: Glenbow-Alberta Institute und Douglas and McIntyre, 1985
Helm, J. (ed.), *Handbook of North American Indians,* vol. 6: *Subarctic,* Washington: Smithsonian Institute, 1981
Lantis, Margaret (ed.), *Eskimo Childhood and Interpersonal Relationship; Nunamiut Biographies and Genealogies,* Seattle: University of Washington Press, 1960
Mailhot, Jose, ‚Beyond everyone's horizon stand the Naskapi', *Ethnohistory* 33(4): 384, 1986
Mowat, Farley, People of the Deer, Boston: Little, Brown, 1951
Mowat, Farley, *The Desperate People,* Boston: Little, Brown, 1959
Parry, W.E., *Journals of the First, Second and Third Voyages for the Discovery of a North-West Passage ...,* London: John Murray, 1828
Rasmussen, Knud, *Report of the Fifth Thule Expedition 1921–1924,* Kopenhagen: Gyldendalske Boghandel, Nordisk Forlag, 1930
Rich, E.E., ‚Trade habits and economic motivation among the Indians of North America', *Canadian Journal of Economics and Political Science* 26(1):35–53, 1962
Riddington, Robin R., ‚The medicine fight: an instrument of political process among the Beaver Indians', *American Anthropologist* 70(6), 1968
Ross, W. Gillies, *Arctic Whalers, Icy Seas,* Toronto: Irwin Publishing, 1985
Sahlins, Marshall, ‚The original affluent society', in: *Stone Age Economics,* London: Tavistock, 1974

Slobodin, Richard, *Métis of the Mackenzie District,* Ottawa: Canadian Research Centre for Anthropology

Speck, Frank G., *Naskapi, the Savage Hunters of the Labrador Peninsula,* University of Oklahoma Press, 1935

Stefansson, Vilhjalmur, *My Life with the Eskimo,* London: Macmillan, 1913

Stefansson, Vilhjalmur, *Not By Bread Alone,* New York: Macmillan, 1946

Tatti, Fibbie und Mitsuko Oishi, *Koyere Workbooks (1, 2 etc.),* Yellowknife: Linguistics Programmes Division, Government of the Northwest Territories, 1979

Usher, Peter, Fur *Trade Posts of the Northwest Territories 1870–1890,* Ottawa: Department of Indian and Northern Affairs, 1970

Usher, Peter, *The Bankslanders: Economy and Ecology of a Frontier Trapping Community* (3 vols.), Ottawa: Department of Indian and Northern Affairs, 1971

Vanstone, James W., *Athapaskan Adaptations,* Arlington, Illinois, AHM, 1974